Vorwort
Motorradgeschichten

Es gibt zu unserem Hobby so unendlich viele Geschichten und Erlebnisse, so dass ich gar nicht weiß, wo ich nun mit dem Erzählen anfangen oder aufhören soll. Deshalb habe ich erst mal einige Davon aufgeschrieben und dann versucht sie zu ordnen. Es lohnt sich auf jeden Fall, denn sogar für Leute die rein gar nichts mit Motorrädern zu tun haben kann das interessant sein. Sicher werden nun einige von euch sagen, dass sei doch sowieso alles frei erfunden. Doch weit gefehlt, alles was ich hier aufschreibe, ist auch wirklich passiert! Vielleicht war es nicht haargenau so und natürlich musste ich die Namen etwas abändern, doch der Kern der Geschichte entspricht der Wahrheit, das kann ich beschwören! Sicher, das gilt nur für meine eigenen Geschichten. Für die mir erzählten Sachen kann ich natürlich keine Garantie übernehmen. Wobei ich schon darauf geachtet habe, wie glaubwürdig diese Geschichten und deren Erzähler waren. Und obwohl manche sich unglaublich anhören, bin ich mir doch ziemlich sicher, was deren Wahrheitsgehalt betrifft.

Wie viel wir bei unserem Hobby erleben, ist da doch wirklich ganz erstaunlich. Auch mit einem Motorrad zu verreisen, ist etwas ganz Besonderes. Und damit meine ich nicht unbedingt eine Reise zu irgendwelchen tollen exotischen Zielen, sondern eher den `normalen´ Urlaub in Deutschland oder Europa. Etwas Besonderes wird es nicht durch ein besonders weit entferntes Ziel, sondern durch das Genießen der Fahrt dorthin! Und wenn ich dann noch den Urlaubsort samt Umgebung mit dem Motorrad erkunden kann, ist es das Höchste überhaupt! Ob das nun mit einem Zelt, einer Ferienwohnung oder gar einem Hotel verbunden wird, spielt erst mal keine große Rolle. Natürlich ist man auf einem Zeltplatz nah an der Natur, doch genau das stört ja manchen Zeitgenossen. Alles hat halt Vor- und Nachteile!

Wobei wir schon bei den Nachteilen dieser Art Urlaubsreisen sind:

- Ja, man wird nass, wenn es regnet.
- Ja, man muss auch schwitzen, wenn es sehr warm wird.
- Und ja, mit dem Gepäck muss man sich auch einschränken.
- Zudem schmerzt nach spätestens 600 km Fahrt auf jedem Motorrad das Hinterteil.

Doch all dies ist nach einer schönen Tour über kurvenreiche Strecken am Urlaubsort bald vergessen. Und glaubt es mir, mit keinem anderen Fahrzeug erlebt man eine Reise so intensiv wie mit einem Motorrad! Man hat halt die Nase direkt im Wind!

Und dabei erlebt man viele schöne, lustige, aber auch anstrengende, oder sehr ernste Geschichten. Deshalb dieses Buch und nun viel Spaß beim lesen!

© 2021, Markus Höner
Herstellung und Verlag: BoD – Books on Demand, Norderstedt
ISBN: 9783755753148

Kapitel   Seite

Erstes Erlebnis beim TÜV

Es muss im Frühjahr 1983 gewesen sein, als ich mein allererstes Motorrad zum TÜV fuhr. Doch dafür muss ich etwas weiter ausholen.
Nachdem ich im Herbst des Jahres 1982 meinen Führerschein bestanden hatte, stand ich zwar glücklich, doch ohne Maschine da. Wie immer war das Geld knapp. Einfach in den Laden gehen und eine schöne Maschine kaufen, fiel damit ja wohl für mich flach. Trotzdem wollte ich natürlich fahren und schaute deshalb nach gebrauchten Motorrädern. Doch für meine zusammengekratzten 500 Mäuse gab es nicht wirklich etwas Gescheites. Entweder waren die Geräte uralt oder hatten irgendwelche Defekte. Tja, das war schon mal sehr ernüchternd! Ich ließ mich aber nicht unterkriegen und suchte fröhlich weiter. Nachdem ich dann wohl zum fünften Mal in die Werkstatt eines Bekannten kam, meinte der auf einmal: *„ Da fällt mir grad' was ein, warte mal!"*
Sprach's und verschwand für geraume Zeit auf dem Dachboden. Etwas eingestaubt und mit Spinnweben in den Haaren kam er wieder herunter. Fröhlich grinsend zeigte er mir einen hübschen kleinen Einzylindermotor und sagte:
„Das wär' doch was für dich oder?"
Ich glaube ich habe erst mal ziemlich blöd geschaut. Natürlich fand ich den Motor ganz schön, doch was sollte ich damit? Auf meine Frage kam auch prompt die Antwort:
„Der ist von einer Yamaha SR 250. Den Rest der Maschine kann ich dir nächste Woche holen. Kannste alles zusammen für 500 DM haben. Nur zusammenbauen, musst du sie selber!"
„Aaah, ja!"
Eine Erklärung dafür bekam ich nicht warum jemand diese Maschine überhaupt zerlegt hatte. Ich habe auch nicht weiter danach gefragt, denn es waren alle Papiere dabei und angeblich war sie auch nicht gestohlen! Was gab es da noch zu überlegen? Per Handschlag besiegelten wir den Deal und so hatte ich mein erstes

Motorrad erstanden! Damit begann der Spaß aber erst, denn der Bekannte, nennen wir in Peter, hielt sein Wort. Er besorgte wirklich alle Teile und in meiner Garage sah es aus wie in einem Ersatzteillager! Doch was heißt hier eigentlich `meine´ Garage? Es war natürlich die Garage meiner Eltern, die ich ihnen hatte abschwätzen können, zumindest die vordere Hälfte. Den hinteren Teil brauchten sie für ihre Fahrräder und Gartengeräte. Tatsächlich hatte ich sogar großes Glück, denn nur weil meine Mutter mit ihrem Auto nicht um die Ecke kam, konnte ich überhaupt einen Teil der Garage bekommen! Das war zwar nicht perfekt, doch immerhin hatte ich direkt vor der Haustür eine Gelegenheit zum Schrauben. Und das war auch dringend nötig! Mein Vater sah die ganze Sache aber sehr skeptisch und meinte:*„ Was soll das denn werden? Das kriegst du doch nie zusammen!"*

Sprach´s und ging mit einem Kopfschütteln ins Haus. Doch genau damit wird er meinen Ehrgeiz angefeuert haben! Nun setzte ich alles daran, die Maschine fertig zu bekommen. Ein paar Wochen hat es zwar gedauert, doch das Ergebnis konnte sich durchaus sehen lassen. Die kleine SR war etwas mehr Softchopper als ihre große Schwester. Sie hatte eine Stufensitzbank und einen dicken Hinterradreifen, dazu kam noch ein Tropfentank und ein höherer Lenker, fertig war meine `Mini-Harley´!

Bei meinem `Bausatz´ hatte ich sehr viel Glück, denn es fehlte so gut wie nichts. Nur der originale Lenker war irgendwie nicht mehr aufzutreiben, dafür gab mir der Bekannte aber einen sehr schönen anderen mit. Das Zusammenbauen der ganzen Teile dauerte natürlich, doch irgendwann und einige Rückschläge später stand das Ergebnis in der Garage. Mit vor Stolz geschwellter Brust fuhr ich also damit in den Nachbarort Beckum, um dort nach der TÜV-Abnahme meine neue Maschine anzumelden. Vorher hatte ich mir eine rote Nummer besorgt und die Versicherung abgeschlossen. Den kleinen Tank hatte ich voll gemacht, der Motor lief wunderbar und die Sonne schien von einem strahlend blauen Himmel! Was sollte da noch schief gehen? Tja, es ging noch so einiges schief!

Zunächst kam ich wie gesagt zum TÜV. Dort ging ich ins Büro und meldete mich (oder besser gesagt mein Motorrad) an. Danach musste ich eine ganze Weile warten und trollte mich derweil auf dem Parkplatz herum. Hier standen schon einige Leute und warteten ebenfalls auf die Herrn vom TÜV. Irgendwann kam aber doch die Aufforderung über den Lautsprecher, zum Hallentor 4 zu kommen. Dabei hätte ich fast meinen Einsatz verpasst, denn der Aufrufer bellte nur die Kennzeichen und die Nummer des Hallentors ins Mikrofon. Natürlich hatte ich mir die Nummer auf dem roten Kennzeichen nicht gemerkt und reagierte erst beim zweiten Aufruf. Als ich nun endlich zur Halle kam, sah ich schon das mürrische Gesicht des Ingenieurs.

„Ich dachte schon, sie kommen gar nicht mehr!"
war sein Kommentar. Na, dachte ich bei mir, das kann ja heiter werden! Genau so war es dann auch. Der Mensch schaute auf die Reifengröße und nach dem Licht, dann kamen noch die Blinker an die Reihe. Als Nächstes schwang er sich mit seinem Kittel auf meine Maschine und trat mit Gewalt den ersten Gang rein. Ja, ich hatte wirklich Angst um den recht filigranen Schalthebel!
Er fuhr eine Runde um die Halle, bremste einmal, und rollte wieder herein. Dann stellte er die Yamaha ab, trat nochmal zwei Schritte zurück und schlich um die Maschine herum, wie die Katze um den heißen Brei. In dem Augenblick wurde mir klar, dass er etwas suchte. Und natürlich fand er auch etwas! Es war der leicht abgefahrene Hinterradreifen! Zwar hatte der noch ca. zwei Millimeter Profiltiefe und war somit noch in Ordnung, doch das interessierte diesen Menschen nicht! Dann fand er auch noch ein fehlendes Katzenauge und den nicht originalen Lenker!
Das hieß für mich: Kein TÜV, keine Zulassung und nochmal einen Tag Urlaub nehmen! Doch zunächst fuhr ich mal zu Peter, dem Bekannten, der mir die Maschine verkauft hatte. Dem klagte ich mein ganzes Leid. Er schaute sich derweil die kleine Yamaha an und meinte: *„Na da hast du doch saubere Arbeit gemacht! Sieht ja richtig gut aus! Und die Sache mit dem TÜV, die nimm mal nicht so*

schwer. Da fährst du einfach nach Warendorf, da ist auch eine TÜV Station, aber ein anderer Prüfer. Dem sagst du dann, der Lenker sei original und der Reifen kommt eh bald neu. Vorher fährst du aber noch bei Fahrrad-Meier vorbei und holst dir einen Rückstrahler. Bevor du dann nach Warendorf fährst, schrauben wir den noch dran, so was nehmen die sehr genau!"

Genau so machten wir es dann auch. Und was soll ich euch sagen? Die ganze Sache klappte wie am Schnürchen! Nur die Gebühr musste ich nochmal zahlen, denn ich konnte ja nicht sagen, das ich eine Stunde vorher schon einmal beim TÜV war!

-

Ja, so konnte ich mein erstes Motorrad doch noch anmelden und war gleich um eine Erfahrung reicher! Dabei blieb es aber nicht, denn diese Unwissenheit und Willkür beim TÜV war leider an der Tagesordnung, zumindest bei uns Motorradfahrern. So kann ich euch noch viele Geschichten erzählen, zum Beispiel die Sache mit meinem nächsten Motorrad. Das war eine Yamaha TR 1.

Noch mal beim TÜV

Viele von euch werden dieses Modell nicht kennen, deshalb hier eine kurze Beschreibung. Es war die erste Maschine aus Japan mit einem großen V-Motor und damit gründete sie die gesamte XV-Baureihe. Die Leistung wurde mit 71 PS aus 986 ccm angegeben. Optisch war es zwar ein biederer Tourer, doch steckten eine Menge Neuerungen in diesem Motorrad. Der Motor war luftgekühlt aber recht glattflächig. Tatsächlich stammten die Zylinder von der SR 500 und wurden nur in einem 90 Grad Winkel auf ein neues Gehäuse gesetzt. Der Hintere von beiden bekam durch die besondere Form des Seitendeckels kühle Luft zugeführt. Interessant waren auch die Hinterradfederung und der Rahmen. Letzterer bestand nämlich nur aus einem Blechpressteil, das als Brückenrahmen vermarktet wurde. Leider hielt der nicht das, was Yamaha versprach, denn er war bei weitem nicht stabil genug. Bei der Federung war die Sache etwas besser gelungen und funktionierte recht gut. Zwar war die Abstimmung der Dämpfung mal wieder zu weich, doch das war zu der Zeit bei den Japanern üblich. Eine Besonderheit war aber auch das Zentralfederbein mit der dazugehörigen Schwinge. Heute absoluter Standard, damals aber eine echte Neuerung! Und genau so eine Maschine nannte ich seit einiger Zeit mein Eigen. Auch hiermit musste ich dann zum TÜV und bereitete mich schon einmal darauf vor, indem ich die Maschine optisch auf Hochglanz brachte und so eminent wichtige Dinge wie ein Katzenauge am hinteren Schutzblech montierte! So kam ich also, gut vorbereitet und auf alle eventuellen Schlechtigkeiten gefasst, zum TÜV. So dachte ich zumindest, doch es kommt immer anders als man denkt! Der Prüfer kam aus seinem Häuschen, sah meine Maschine und meinte völlig begeistert: *„Boooh, eine echte Bol d'Or! Die sieht ja stark aus!"*
„Wie bitte? Das ist eine Yamaha und keine Honda!", war meine völlig verdutzte Antwort. Ja, es gab fast zur gleichen Zeit die Vierzylinder-Honda mit der Modellbezeichnung Bol d'Or. Diese

Modellbezeichnung hatte sich Honda direkt von dem gleichnamigen Langstreckenrennen schützen lassen. Die 900er Bol d'Or war also ein völlig anderes Motorrad, doch der Prüfer ließ sich gar nicht irritieren und fing wieder an:

„Trotzdem ist das aber 'ne echt schöne Bol d'Or!"

„Mmmh!"

Nun brauchte ich erst mal Bedenkzeit! Was sollte man hier machen? Sollte ich den Mann aufklären und so ein wenig zu seiner Bildung beitragen? Oh nein, in so einem Fall bitte keine schlafenden Hunde wecken! So kam ich also zu dem Schluss, lieber zu schweigen und die momentane Begeisterung schamlos auszunutzen. Ruck Zuck, hatte ich die begehrte Plakette auf dem Nummernschild und konnte lachend und freudestrahlend das Gelände verlassen!

-

Mit meiner nächsten Maschine, die im absoluten original Zustand war, erlebte ich jedoch wieder einmal die totale Willkür! Es war eine 550er Kawasaki LTD. Ein mittelprächtiger Vierzylinder, der sehr gut lief. Dieses Motorrad hatte ich damals gerade gekauft und musste schon damit zum TÜV.

Die Typenbezeichnung LTD besagte, dass es sich um einen Softchopper handelte. So ein typisches Design der 80er Jahre ähnlich wie bei meiner Yamaha SR. Die Kawa hatte eine Stufensitzbank, einen Tropfentank, einen dicken Hinterradreifen und auch ein wenig mehr Chrom zu bieten. Das Ganze sah nicht schlecht aus und das Motorrad war flott zu fahren.

9

Und wieder beim TÜV

Durch einen Zufall hatte ich die Maschine fast neuwertig erwerben können. Zwar war der TÜV fällig, doch darin sah ich kein Problem, denn wie schon erwähnt war sie ja völlig original. Bei schönstem Wetter fuhr ich also nach Beckum zum TÜV. Natürlich hatte ich die LTD ordentlich geputzt und poliert, denn ich hatte ja gemerkt, wie extrem wichtig dies bei jeder Abnahme war! Das Schauspiel begann wieder mit der Anmeldung und der obligatorischen Wartezeit auf dem TÜV-Gelände. Diesmal war ich aber nicht der einzige Motorradfahrer und so kam ich mit den anderen ins Gespräch. Na, die hatten schon so einige schlechte Erfahrungen gemacht! Erzählen möchte ich davon aber nichts, denn wie viel Wahrheit oder Lüge darin steckte, weiß ich nicht. Doch eins kann ich wirklich so sagen: Die Unzufriedenheit unter uns war schon recht groß! Es zeigte sich zum Beispiel, dass nicht geputzte Motorräder gar keine Chance hatten. Irgendetwas fanden die Prüfer dann immer. Das Spielchen hatte ich selber schon gesehen! Auch wenn dem Prüfer eine Nase nicht passte, hatte man verspielt. Und das bekam nun ich zu spüren!

Es kam der Aufruf und ich rollte mit der Kawa zum Hallentor. Da es sich aber nur um eine Entfernung von vielleicht 20 Meter handelte, schob ich das Motorrad. Sofort bekam ich zu hören: *„Na, springt sie nicht an? Dann wird das aber hier nichts!"*

Der Prüfer ließ sich aber doch herab, die Abnahme zu starten, denn ich versicherte ihm, dass die Maschine sehr wohl anspringen würde. Er gab sich dann zwar die größte Mühe, fand aber nicht den geringsten Fehler! Selbst an solche Dinge wie den obligatorischen Rückstrahler hatte ich gedacht. So war ich schon der festen Überzeugung, es geschafft zu haben. Doch da hatte ich das A....loch unterschätzt! Plötzlich stand er hinter der Maschine und meinte, das Schutzblech wäre zu kurz. Daraufhin erklärte ich ihm, dass dies original ab Werk so wäre. Nun hatte ich ihn aber wohl endgültig verärgert, denn er wurde lauter und meinte:

„Sie wollen das wohl besser wissen als ich! Ich bin aber Ingenieur und hier gehört eine Verlängerung dran!"
Noch war ich der festen Überzeugung im Recht und damit auf der sicheren Seite zu sein, also antwortete ich ihm, dass ja dann wohl irgendwelche Befestigungslöcher in dem Schutzblech wären. Leider interessierte ihn meine logische Argumentation gar nicht. Für solche Dinge hatte dieser Mensch offenbar einfach zu wenig Verstand! Natürlich musste ich nun dreimal schlucken, um ihm nicht zu verraten, was er mich ab jetzt kreuzweise konnte! Es half aber alles nichts, er schickte mich wieder nach Hause! Während der 12 km Fahrt hatte ich es geschafft, den Adrenalinspiegel wieder auf ein Normalmaß zu bringen. Zuhause angekommen dachte ich erst mal nach. Woher sollte ich so eine Verlängerung nehmen? Die Kawa war wirklich so ausgeliefert worden und somit gab es einfach keine Solche! Bei irgendeiner anderen Maschine hatte ich mal so etwas aus schwarzem Kunststoff gesehen, doch woher nehmen, wenn nicht stehlen? Da fiel mir etwas ein! Ich dachte an einen alten Eimer mit Wandfarbe, der noch im Keller stand. Der Deckel auf diesem Eimer war aus dickem Kunststoff, zwar nicht schwarz, doch das spielte ja wohl keine Rolle! So machte ich mich daran, aus diesem Deckel mittels Schere und Bleistift eine Verlängerung zu schneiden und das Schraubenloch für den Rückstrahler als Befestigungspunkt zu nutzen. Das Ganze sah so richtig Schei.... aus! Einige Farbflecken klebten auch noch an dem Teil, aber es erfüllte voll seinen Zweck! Nun schaute ich auf die Uhr und stellte fest, dass es noch früh genug war, um nochmals zum TÜV zu fahren. Kurz vor Feierabend kam ich etwas abgehetzt auf den Hof, ging erneut zur Anmeldung und war auch sofort an der Reihe, zufälligerweise bei dem selben Prüfer. Er begrüßte mich auch gleich mit den Worten: *„Wie, schon wieder da? Na dann schauen wir mal!"* Er warf einen Blick in die Papiere und dann auf meine ach so tolle Konstruktion. Natürlich rechnete ich nun mit einigem Gemecker und Gezeter, doch da hatte ich mich schon wieder geirrt. Er kam auf mich zu, schlug mir freundschaftlich auf

11

die Schulter und meinte:

„Na, warum nicht gleich so?"

Ich kochte vor Wut, doch meine Gedanken hierzu möchte ich hier lieber nicht schildern, denn sie würden mir wohl noch heute eine Beleidigungsklage einbringen! Die Abnahme war aber kein Problem und endlich klebte er die begehrte Plakette auf's Nummernschild. Noch auf dem TÜV-Gelände riss ich mein Kunstwerk wieder ab und warf es in die Tonne! Mit so einem Dreck konnte man doch nicht durch die Gegend fahren!

-

Das mag ein wenig hart klingen, doch fragt einmal Leute, die es erlebt haben! Nein das war nur selten lustig, aber natürlich gibt es auch ganz andere Geschichten und davon jetzt mehr. Motorradclubs sind keine Neuerscheinung. Es gibt sie hier schon seit Ende der 60er Jahre. Anfänglich waren das einfach junge Leute, die gern zusammen ihrem Hobby frönten: Eben dem Motorradfahren! Natürlich war es auch ein Aufbegehren gegen die gesellschaftlichen Zwänge dieser Zeit. Man wollte die Freiheit und kein Spießertum! Alles was mit Ordnung zu tun hatte, wurde verurteilt und abgelehnt. Ja, es war schon eine kleine Revolution. Man musste unbedingt Lederzeug anhaben und das musste auf jeden Fall schwarz sein! Dass man damit schon wieder neue Zwänge schuf, haben viele nicht bemerkt! Wirklich frei ist man eben nie! Was aber bis heute geblieben ist, ist der Zusammenhalt und der Spaß am gemeinsamen Hobby!

Motorradclubs

Diese ´MC´s sind seit ein paar Jahren in Verruf gekommen. Dabei haben die meisten Vereine oder Clubs nichts Böses im Sinn. Auch gehen die allermeisten Mitglieder einer geregelten Arbeit nach, denn dieses Hobby kostet ja eine Menge Geld! Natürlich gibt es auch Gruppen wie die Hell´s Angels oder Banditos, doch die meisten Motorradfahrer wollen damit nichts mehr zu tun haben. Leider waren jedoch nun gerade die Hell´s Angels der erste Motorradclub überhaupt und darauf basiert dieser gesamte Kult. Auch deshalb werden nun alle Clubs an den Pranger gestellt und über einen Kamm geschert. Doch zurück zu meinen Erlebnissen. Ganz zu Anfang meiner Motorrad-Karriere habe ich natürlich auch einige dieser verwegenen Gestalten kennengelernt. Gerade, wenn man noch so jung ist, sucht und braucht man ja immer irgendwelche Idole, denen man nacheifert. Meine waren ganz klar Peter Fonda und Dennis Hopper! Mit 15 oder 16 hatte ich den Film Easy Rider gesehen und war völlig begeistert! Als ich nun endlich den Führerschein und ein Motorrad hatte, gab es kein Halten mehr. Klar, wir lebten nicht in Amerika, auch hatte ich keinen Harley-Chopper, doch auch hier gab es Motorradtreffen! Die größeren Clubs organisierten solche Treffen, meistens auf irgendwelchen abgelegenen Wiesen. Es gab reichlich Bier, viele Würstchen, ein Lagerfeuer und manchmal sogar Live-Musik von der ortsansässigen Rockband. Aber vor allem gab es natürlich jede Menge Kuttenträger! Nein, nein, das ist keine Beleidigung! So werden die Mitglieder der Clubs insgeheim genannt, denn sie tragen ja alle ihre ´Kutte´. Das sind die Westen, auf denen das Clubabzeichen aufgenäht ist, das sogenannte Color. Damit sind sie sofort zu erkennen und zuzuordnen. Außerdem symbolisiert so eine Kutte den Zusammenhalt der einzelnen Clubmitglieder! Zu solchen Motorradtreffen fuhr ich also nun. Die Stimmung war meist sehr ausgelassen und es wurde eine Menge getrunken. Man kam mit jedem ins Gespräch und war sofort per du. Wir saßen am

Lagerfeuer, schwätzten über Motorräder und genossen unsere Freiheit! Meist dauerten diese Treffen von Freitagnachmittag bis Sonntagmorgen, damit waren also immer zwei Übernachtungen inbegriffen. Natürlich kam dafür nur das Zelt in Frage. Niemand wäre auf die Idee gekommen, in einem Hotel oder einer Pension zu schlafen! Aus diesem Grunde waren die Wiesen dann auch oft voll mit kleinen Zelten. Ich weiß noch, es war irgendwo im Sauerland und es war mein drittes Treffen, zu dem ich fuhr. Leider habe ich vergessen, wie der Club hieß, doch es waren ein paar wilde Jungs, die dieses Event veranstalteten! In einem großen Mannschaftszelt der Bundeswehr war eine Theke aufgebaut und aus den Lautsprechern dröhnte gute Rockmusik. Das obligatorische Lagerfeuer brannte in einiger Entfernung von unseren Zelten. Die Wiese war an sich groß genug, nur leider an einigen Stellen sehr nass. Damit begrenzte sich der Raum für die Zelte und wir mussten näher zusammenrücken. Durch reinen Zufall hatte auch noch ein bekannter Discounter vor einiger Zeit kleine Iglu-Zelte für schmales Geld verkauft. So stand ein Zelt neben dem anderen, oftmals nur durch verschiedene Farben auseinanderzuhalten! Wir waren schon am Freitag angereist und hatten abends eine Menge Spaß, denn es waren mal wieder die passenden Leute mitgekommen. Dazu zählten Riko und Martina auf ihrer FJ 1200, Rolf und Susann mit ihrem Moto Guzzi Gespann und auch Bernd mit seiner BMW R100GS. Dazu traf man dort auch einige Bekannte. Zum späteren Abend saß ich dann mit einer jungen Frau am Lagerfeuer und war mit ihr in eine Unterhaltung vertieft. Dabei stellte sich heraus, dass sie aus dem Siegerland kam und eine 600er Yamaha fuhr. Wir waren uns offensichtlich sehr sympathisch, denn die Unterhaltung wurde recht innig, leider habe ich sie kurz danach aus den Augen verloren. Ich wollte nur ein Bier holen und anschließend da weitermachen, wo wir aufgehört hatten. Doch als ich wiederkam, war sie verschwunden. Schade, aber was soll's. Ich trank also das Bier selber und unterhielt mich mit anderen Leuten. Einige Zeit später hatte ich die nötige Bettschwere und krabbelte in mein Zelt. Ziemlich müde kroch ich in meinen Schlafsack, als ich plötzlich den Zeltreißverschluss hörte! Und dann passierte es! Im Stillen hegte ich die leise Hoffnung, nun Besuch von einem zarten weiblichen Geschöpf zu bekommen, dem ich ja nicht abgeneigt gewesen wäre. In meiner Vorstellung hatte die junge Frau von vorhin plötzlich doch noch Lust verspürt, unser 'Gespräch' weiterzuführen und war mir nun einfach ins Zelt gefolgt.

Doch was jetzt kam, übertraf alle meine Vorstellungen! Eine Art riesiges, fleischgewordenes Bierfass, von sicherlich 130 kg Kampfgewicht und mit nicht gerade angenehmem Körpergeruch, wälzte sich in mein Zelt! *„Eh! Raus hier!"*, rief ich, doch grunzend gab er mir nun seinerseits zu verstehen, dass dies doch wohl sein Zelt wäre und ich mich gefälligst verdrücken solle! Beim Versuch, ihm zu erklären, dass er sich in meinem Zelt befände, fing er plötzlich an zu schnarchen und war neben mir eingeschlafen! Oh Gott, dachte ich, was sollte ich jetzt machen? Die Gedanken schossen mir durch den Kopf. Natürlich hätte ich versuchen können, ihn wieder zu wecken, doch bei dem Alkoholpegel wäre mir das wahrscheinlich nicht gelungen. Auch körperliche Gewalt schied bei diesem Ungetüm wohl aus, da er zu allem Überfluss auch noch eine Kutte trug. Nun, Männer sind ja in solchen Dingen recht einfach und so beschloss ich, ihn einfach liegen zu lassen. Da ich ja auch nicht mehr ganz nüchtern war, rollte ich mich in meinen Schlafsack ein, drehte mich um und schlief ebenfalls!

Doch es sollte noch besser kommen! Mein Schlaf ist zwar ziemlich tief, doch auf Berührungen gewisser Art reagiere ich sofort! Genau das passierte jetzt und ich war sofort hellwach! Jetzt reichte es aber, das war zu viel! Ich rüttelte meinen unfreiwilligen Schlafgenossen und als er erwachte, bemerkte er wohl irgendwie sein Versehen. Ziemlich verkatert hatte er die Situation scheinbar erkannt und wandte sich nun dem Zeltausgang zu, drehte sich aber noch einmal um und meinte grunzend:

„Tschuldigung, wo is denn mein Zelt?"

„Keine Ahnung, Mann!"

15

Mehr fiel mir dazu nicht ein! Ja, so kann´s kommen! Leider habe ich dann auch noch den Fehler gemacht und die Story beim gemeinsamen Frühstück erzählt! Das sorgte natürlich für herzhaftes Gelächter und Schadenfreude!

-

Natürlich habe ich irgendwann mitgelacht, es war ja nichts passiert. Die nächsten Treffen waren schon geplant denn die Freiheit, die für mich damit verbunden war, blieb einfach unübertroffen! Natürlich merkte ich rasch, dass einige Leute immer auf Krawall aus waren, denen konnte man aber mit etwas Geschick aus dem Wege gehen. Zwischen den einzelnen Clubs gab es auch recht große Unterschiede. Zum einen durch die Mitglieder selbst und zum anderen durch unterschiedliche Statuten. Diejenigen Clubs, die sehr streng nach amerikanischem Vorbild aufgezogen waren, hatten auch oft Ärger. Da wurden keine Frauen akzeptiert und sogar Zwangsmaßnahmen vollstreckt. Das betraf nicht nur die eigenen Mitglieder, nein, auch den anderen Clubs gegenüber verhielt man sich sehr aggressiv. Als einzelner Motorradfahrer musste man also immer ein wenig darauf achten, wo man nun hingeraten war. Geriet man hier zwischen die Fronten, konnte das böse Folgen haben. Meist sprachen sich solche Dinge zwar schnell herum, doch musste man immer gut informiert sein!

Biker-Taufe

Zu einem Treffen im Nachbarort Vorhelm fuhr ich natürlich auch, denn hier kannte ich sogar einige Clubmitglieder. Alles echte Kerl ´s, aber ansonsten völlig harmlos! Am Nachmittag saßen wir um das Lagerfeuer und hatten unseren Spaß. Es waren schon am Freitag etliche Leute angereist. Eine Gruppe, die aus dem Ruhrgebiet kam und ziemlich krass drauf war, hatte angefangen, ihre neuen Mitglieder zu taufen und das lief ungefähr so ab: Die armen Kerle wurde zuerst in ein Schlammloch geworfen und anschließend mit Bier geduscht! Das Ganze natürlich unter dem Getöse und Gelächter der anderen. Erst dann war die Kutte und damit auch der Biker getauft und angenommen. Die ganze Geschichte war für uns Unbeteiligte sehr lustig anzuschauen, doch für die Betroffenen nicht sehr angenehm. Schließlich sieht man nachher aus wie ein Schwein und Gelegenheit zum Waschen bekamen sie auch nicht! Überhaupt stellte ich fest, dass hier keinerlei Wasser zur Verfügung stand. Schon fragte ich mich, wie denn unter diesen Bedingungen ein so großes Schlammloch entstehen kann? Da schoss mir auch schon die Antwort durch den Kopf! Nein, das konnte doch nicht sein!
„Doch, doch, da haben die seit gestern Abend rein gepinkelt!", antwortete ein Freund auf meine Nachfrage. Ich bin nicht sehr empfindlich, doch das war ja nun wirklich eklig!
Aber es kam noch besser. Scheinbar hatte ich etwas zu lange diese Art Taufe beobachtet und mich darüber lustig gemacht, denn zwei der Clubmitglieder hatten mich plötzlich auf´s Korn genommen! Das war zu viel des Guten! Ich überlegte kurz und dachte:
„Okay, dein Motorrad steht auf der anderen Straßenseite und die Typen dahinten sind besoffen, wenn ich zügig rüber laufe könnte es klappen, bis dahin ist es nicht weit!"
Also nahm ich meine Beine in die Hand und rannte zu meiner Maschine. Drauf springen und Anlassen waren praktisch eins, dann noch den Helm übergestülpt und nichts wie weg! Puh, geschafft!

Im Rückspiegel sah ich tatsächlich einige Leute auf die Straße laufen. Man das war knapp! Doch, ätsch, zu spät! Ich hatte es geschafft und fuhr fröhlich grinsend nach Hause. Ein paar Bekannte berichteten mir Später von zwei Unbeteiligten die noch in das besagte Schlammloch gezwungen wurden! Dieses 'Vergnügen` blieb mir zum Glück erspart!

-

Ja, das war knapp! Man sollte immer vorsichtig bleiben, es sei denn, es macht einem nichts aus, sich wie ein Schwein im Schlamm zu suhlen und zum Gelächter der Umstehenden beizutragen! Nein, das war nicht mein Ding. Aber natürlich gab es auch wesentlich zivilisiertere Motorradtreffen und die fuhr ich nun verstärkt an. Meine eindeutige Vorliebe für das Zelten und das Leben draußen blieben erhalten. Hier gab es die sogenannten Markentreffen, bei denen sich die Fahrer einer Motorradmarke oder sogar eines bestimmten Modells dieser Marke trafen. Diese Art von Treffen lief meist wesentlich ruhiger ab. Organisiert wurde das Ganze von Privatleuten oder von Interessengemeinschaften.

MZ - Treffen

Für MZ gab es auch so einige Fans und somit auch diverse Treffen. Eines davon fand in Westerstede auf einem Sportplatz statt. Mein Freund Markus war schon einmal dort gewesen und war recht angetan von der guten Stimmung. Es gab einen kleinen Teilemarkt und abends noch eine Pokalverleihung für die weiteste Anfahrt. Vor allem aber gab es am Samstagvormittag die gemeinsame Ausfahrt, denn da suchten sich die Westersteder immer sehr interessante Ziele aus. Als wir nun bei dem Treffen waren, ging die Fahrt um elf Uhr los. Diesmal war der Weg etwas weiter, denn es sollte zu dem größten privaten Lanz-Museum gehen. Diese kultigen alten Trecker waren ja wirklich toll anzusehen! Doch auf ein Erlebnis hätte ich dabei durchaus verzichten können. Kaum hatten wir die Torfmoorwege hinter uns gelassen, denn davon ist Westerstede umgeben, fuhren wir durch uralte Alleen. Wirklich wunderschöne alte Bäume wuchsen hier! Doch nun kamen wir mit unseren alten Zweitaktern, so vierzig an der Zahl! Leute, ich kann euch was erzählen! Das war vielleicht eine Dunstglocke, denn zu allem Überfluss war das Blätterdach über uns absolut dicht, und das bei beinahe dreißig Grad Hitze! Natürlich fuhr ich mit Markus fast ganz hinten und bekam den vollen Segen ab. Seitdem weiß ich warum Zweitakter einen so schlechten Ruf genießen! Das Museum allerdings entschädigte uns voll dafür und auf der Rückfahrt beeilten wir uns, um nach Möglichkeit immer ganz vorn zu sein. Bei dem gleichen Treffen lernten wir auch noch zwei interessante Leute kennen und das spielte sich ungefähr so ab. Wir waren am Freitagabend in Westerstede angekommen, hatten uns etwas zu essen besorgt und unser Zelt aufgebaut. Ja, ich sage hier bewusst unser Zelt, denn Markus und ich hatten beschlossen, der Einfachheit halber nur ein Zelt für uns beide mitzunehmen. Für die zwei Nächte sollte das völlig ausreichen. Natürlich hatten wir auch einen Schlummertrunk im Seitenwagen und nach dem Essen holten wir die Flasche heraus, schlenderten zum Parkplatz und wollten uns bei einem gepflegten `Schierker Feuerstein´ (ein leckerer Kräuterlikör) die anderen Motorräder anschauen. Doch wir kamen nur bis zur zweiten oder dritten Maschine, als wir auf zwei weitere Leute stießen, die wohl den selben Gedanken hatten. Was lag also näher, als diese Runde gemeinsam zu machen. Wir standen also bei der dritten Maschine und tranken unseren ersten Likör, dann ging es zur nächsten Maschine und schon gab es auch wieder einen Likör. Und so zogen wir über den gesamten Parkplatz von einer Maschine zur nächsten, schließlich musste jede Besonderheit fachgerecht begutachtet und bestaunt werden! Die ganze Sache wurde immer lustiger, doch bald waren die Flaschen leer und wir randvoll! Da blieb nur eins: Ab ins Zelt und schlafen! Nur leider war an Schlafen nicht zu denken, denn bei uns beiden drehte sich erst mal das Karussell im Kopf auf Hochtouren. Da wir aber jetzt nur ein Zelt hatten, konnte ja nur einer am Ausgang liegen und die frische Luft genießen. Ich befürchte, ich bin mehrmals in dieser Nacht auf Markus herumgetrampelt, um noch rechtzeitig nach draußen zu kommen. Dafür bitte ich um Vergebung!

-

Motorradtreffen haben immer etwas Besonderes an sich. Wir Fahrer sind eben Individualisten im besten Sinn! Doch Reisen mit dem Motorrad sind oft noch interessanter und schöner. Meine allererste Fahrt kam etwas überraschend. Meine Freundin Christine war gerade 18 geworden und hatte sich mit ihren Eltern überworfen. Dabei ging es um das Thema Urlaub mit dem Freund. Ja, ich war wohl nicht gerade der ideale Schwiegersohn, so als Motorradfahrer mit langen Haaren und Leder Klamotten! Doch mein Mädchen setzte sich durch und wir fuhren ohne den Segen der Eltern. Eigentlich Schade, doch was sollten wir machen?

Erster großer Urlaub

Grundsätzlich war die Sache klar, nur waren wir beide ja noch nie alleine in den Urlaub gefahren und hatten von der Planung eines solchen keine Ahnung! Doch wenn man so jung ist, nimmt man diese Sache noch nicht so ernst. Wir hatten Zeit und wir waren zusammen, was will man mehr? Eine Luftmatratze, ein Zelt und ein paar Schlafsäcke organisierte ich, Christine sorgte für ein paar Landkarten und einige andere Dinge. Sie machte auch den Vorschlag, nach Frankreich zu fahren, denn dort war sie schon mal bei einem Schüleraustausch. Auch die Sprache hatte sie in der Schule gelernt, das war ein echter Vorteil für uns. Ich konnte da nicht mithalten und musste mich voll und ganz auf ihre Sprachkenntnisse verlassen. An einem schönen Sommertag fuhren wir in Richtung Süden. Nach einigen Kilometern war dann auch der Ärger von zu Hause vergessen und wir konnten die Fahrt genießen.

Wir hatten richtig Glück mit dem Wetter, es waren so 25 Grad bei strahlendem Sonnenschein. Natürlich machte das Autobahnfahren keinen großen Spaß, doch für uns war ja alles neu und somit noch sehr interessant. Zuerst fuhren wir nach Brüssel und blieben dort eine Nacht, danach sollte es weiter nach Paris gehen und schließlich bis zum Atlantik. Zu Hause hatte Christine von Freunden gehört, dass es in einem bestimmten Stadtteil von Paris einen recht beliebten Zeltplatz geben sollte. Dort trafen sich angeblich viele junge Leute, um dann von dort mit der Metro nach Paris zu fahren und genau so wollten wir es auch machen. So kamen wir also über die Autobahn von Brüssel nach Paris, direkt aus Richtung Norden. Irgendwie hatte ich mir aber die Dimensionen dieser Stadt viel kleiner vorgestellt, dagegen war Brüssel ja ein Dorf!

Schon fast 40 Kilometer vor der Stadt kamen die ersten großen Industrieanlagen! Alle großen Autofirmen haben dort ihren Sitz. In Frankreich konzentriert sich alles um die Hauptstadt, nur im

Nordosten des Landes gibt es außerdem noch Industrie, doch das wusste ich damals nicht. Ich war zutiefst beeindruckt und auch ein wenig beunruhigt, denn der Verkehr nahm im gleichen Maße wie die Bebauung zu. Auf dreispuriger Bahn rollten wir also auf Paris zu und ich hatte schon genug damit zu tun, uns unfallfrei weiter zu bringen, als plötzlich riesengroße Schilder auftauchten und nach rechts oder links deuteten. Leider war ich aber der Sprache nicht mächtig und in solch einem Fall fährt man am besten geradeaus; so dachte ich zumindest. Im nächsten Augenblick rief Christine von hinten: *„Warum bist du denn nicht rechts gefahren?"*
„Ich weiß doch nicht, wo's hingeht!", war meine Antwort. Jetzt hatten wir den Salat! Von deutschen Autobahnen wusste ich, dass man an jeder Abfahrt in der anderen Richtung auch wieder auffahren konnte. Also, kein Problem, wir fahren einfach bis zur nächsten Abfahrt und drehen dort. Doch leider ist bei den Franzosen nicht alles so wie bei uns. Die nächste Abfahrt, die nun kam, war wirklich nur eine Abfahrt! Wir verhaspelten uns immer mehr und ich hielt erst mal an. Aber auch das war gar nicht so einfach bei dem Verkehr. Kaum stand man irgendwo, ging ein Hupkonzert los! Doch dann hatten wir endlich eine ruhige Stelle gefunden und stiegen erst mal ab. Unser Problem war damit aber nicht gelöst, denn wir wollten ja unbedingt zu diesem Zeltplatz und stellten nun mit Entsetzen fest, dass wir keine Karte oder irgendetwas zur Orientierung hatten! Christine hatte nur eine Generalkarte von Frankreich eingepackt und auch ich hatte nicht daran gedacht. Wir wussten nicht, wo wir waren und auch nicht, wo wir hinwollten! Ja, wir hatten nicht mal eine genaue Adresse von dem Zeltplatz. Unsere Sorglosigkeit hatte uns eingeholt. Nun war guter Rat teuer. Doch wie so oft im Leben hatten wir Glück, denn es kam, gerade als wir da standen, ein Motorrad herangefahren. Es hielt und zwei Franzosen grinsten uns an, zwei junge Männer auf einer 1000er Kawasaki. Damals so ziemlich das schnellste Motorrad auf dem Markt. Die beiden stiegen ab und gesellten sich zu uns. Zuerst versuchten wir von ihnen zu erfahren,

wie wir am besten und einfachsten zu besagtem Zeltplatz kommen könnten. Doch das gestaltete sich schwierig, denn nicht nur die Sprache stand uns im Wege, auch schienen sie nicht so recht zu wissen, wo dieser Platz nun lag, geschweige denn, wie man dort hin kommt. Zum guten Schluss schlug dann der Fahrer vor, er wolle uns bis dahin begleiten, beziehungsweise vor uns herfahren. Klar war ich froh, doch ich bekam auch Bedenken. Immerhin hatten wir nur 50 PS zur Verfügung und kannten uns nicht aus, dagegen hatten die beiden einen 100 PS Renner und auch noch Heimspiel! Doch was für eine Alternative hatten wir? Es blieb uns wohl nichts anderes übrig, außerdem waren die beiden ja sehr nett und freundlich! Wir machten uns startklar und schon ging´s los. Doch was nun kam, möchte ich so niemandem wünschen! Genau wie ich es befürchtet hatte, drehten die beiden Jungs ordentlich am Gasgriff, mit der Folge, dass wir mit fliegenden Fahnen hinterher hechten mussten. Leute, ich sag euch, das war kein Spaß! Verkehrsregeln schienen hier niemanden zu interessieren, auch Stopp Schilder und selbst rote Ampeln störten die beiden nicht! Es ging wirklich immer nach dem Motto: Wo frei ist, wird gefahren! Einige Male stand mir der Angstschweiß auf der Stirn, doch kamen wir zügig voran. Einmal fuhren wir sogar fast am Eiffelturm vorbei und auch den Triumphbogen haben wir auf dieser Fahrt sehen können! Als wir es jedoch endlich geschafft hatten, fiel ich vor Erschöpfung fast vom Motorrad. Wir mussten uns aber noch Anmelden und das Zelt aufbauen, doch danach war ich endgültig am Ende. Es war zwar noch heller Nachmittag, doch ich wollte nur noch schlafen.

Der Urlaub und auch der kurze Aufenthalt in Paris waren trotzdem richtig schön. Wir verbrachten fast zwei Wochen am Atlantik. Auf dem Rückweg ging es dann aber nochmal nach Paris. Doch diesmal war das Ganze viel entspannter, denn wir hatten uns einen Faltplan von der Stadt besorgt! Ja, das Leben konnte so einfach sein!

-

Urlaub auf Korsika

Ein Jahr zuvor war ich mit Mirko auf der Insel und wir hatten eine richtig gute Zeit dort verbracht. Wir hatten zwar nur 10 Tage Zeit, doch dadurch, dass wir jeden zweiten Tag den Zeltplatz wechselten, haben wir es einmal um die ganze Insel geschafft und eine Menge gesehen! So hatte ich nun die besten Voraussetzungen, um mir die schönsten Orte noch einmal in Ruhe anzuschauen. Nach zwei Tagen auf dem Motorrad und einer Nacht auf der Fähre kam ich also in Bastia an. Da es noch früh am Morgen war, beschloss ich, zunächst einmal auf die Westseite der Insel zu fahren. Die Westküste Korsikas hatte ich als die wildere und interessantere Seite kennengelernt. Ille Rouge nennt sich der kleine Ort, zu dem es mich zog, denn dort kannte ich einen wirklich schönen Zeltplatz. Im Jahr zuvor hatte ich mit Mirko dort auch zwei Nächte verbracht. Um dort aber hinzukommen, fuhr ich zunächst in Richtung Westen ins Gebirge. Ja, wer Korsika nicht kennt sagt sich vielleicht bei einem Blick auf die Landkarte: *„Och, das sind ja höchstens 100 Kilometer!"* Stimmt! Aber Leute, ich sag' es euch, diese Kilometer haben es in sich! Eine wirklich tolle Strecke durch die Berge! Man fährt höchstens mit 60 km/h, denn gerade Straßenstücke gibt es dort nicht. Die ganze Zeit hat man auf der einen Seite massive Felswände und auf der anderen den Abgrund. Hinter jeder zweiten Kurve sieht man dann auch Pkw und Kleinlaster, die dort irgendwann mal abgestürzt sind und wahrscheinlich auch für immer dort liegenbleiben. Trotzdem, oder gerade deswegen, macht die Fahrerei dort besonderen Spaß, es ist ein wenig wie Achterbahnfahren! Und kaum hatte ich mich ein wenig eingefahren, überholte mich plötzlich jemand mit einer Enduro. „Mensch, der hatte es aber eilig!", war mein erster Gedanke, doch dann fiel mir auf, dass der auch noch eine Beifahrerin und eine Menge Gepäck dabei hatte. Das war ja wohl Unglaublich! Ich gab ein wenig mehr Gas und konnte ganz gut dranbleiben, zum

Überholen hätte es aber auf keinen Fall gereicht. Wir fuhren noch so 15 oder 20 km hintereinander her und hielten dann auf der Passhöhe an. Natürlich hatte ich schon am Kennzeichen gesehen, dass die beiden aus Deutschland kamen und zwar aus der Gegend Würzburg. Dadurch kamen wir sofort ins Gespräch und sie stellten sich als Maria und Wolfgang vor. Sie waren mit der gleichen Fähre wie ich gekommen, hatten aber über Nacht eine Kabine gebucht und nicht so wie ich an Deck geschlafen. Wir waren uns sofort sympathisch und beschlossen kurzerhand erst mal gemeinsam weiterzufahren. Auf dem ersten Zeltplatz blieben wir dann auch drei Tage und erkundeten mit unseren Maschinen die Umgebung. Natürlich hatte Wolf (das war sein Spitzname) mit seiner Enduro die besseren Karten, wenn es abseits der geteerten Straßen weiterging, doch ich gab mir Mühe und fuhr auch so manchen Feldweg hinter ihm her! Das war zwar oft anstrengend, aber ich bekam sehr schöne Orte zu sehen. Dann kam der Zeitpunkt der Weiterreise und wir fuhren die Westküste weiter Richtung Süden.

Bei einem vorherigen Besuch auf Korsika hatte Wolf einen Zeltplatz entdeckt, der etwas abgelegen war und als Naturplatz galt. Unter Naturplatz verstand man hier einen zum Teil gerodeten Krüppelkieferwald mit einem nicht sehr gepflegten Dusch- und Toilettenhäuschen. Eigentlich sehr romantisch. Und genau hier fuhren wir nun hin. Wir Männer stören uns ja bekanntlich nicht so an solchen Dingen, aber Maria war überhaupt nicht von der Aussicht auf Toiletten oder Duschen begeistert, die sie mit irgendwelchen vier- bis achtbeinigen Tierchen teilen sollte. Trotzdem setzten wir uns durch und blieben eine Nacht. Es gab im Wohnhaus der Betreiber eine kleine Gastwirtschaft und die steuerten wir zum Abend hin an. Hier gab es was zu trinken und auch ein einfaches aber schmackhaftes Nudelgericht!

Zwei ältere Damen waren die Betreiber des Zeltplatzes und auch der kleinen Wirtschaft. Nach dem dritten Bier (Ja, hier gab es ordentliches Bier!) kamen wir mit den Damen ins Gespräch und sie erzählten uns, wie sie hierher gekommen waren. Sie waren nämlich aus der Schweiz und direkt nach dem Krieg, also 1945/46 auf diese Insel gekommen. Mit ihren Ehemännern hatten sie dieses schöne Stück Land gekauft und gerodet. Sie hatten von Anfang an die Idee gehabt, hier einen Zeltplatz zu betreiben und haben es auch tatsächlich geschafft. Leider waren ihre Männer sehr früh gestorben und nun betrieben sie schon fast 20 Jahre den Zeltplatz allein. Nur ein Sohn war im Frühjahr für ein paar Wochen hier und sorgte dann für den Platz und die Toiletten. Unter anderem erzählten die beiden auch von den anfänglichen Schwierigkeiten mit den Einheimischen. Die Korsen sind zwar gastfreundlich, aber auch sehr Stolz. Und wenn es um ihre Insel geht, verstehen sie keinen Spaß! Fremde mögen sie nur als Besucher, aber nicht als Eigentümer. Da es außerdem noch viel zu viele Waffen auf der Insel gibt, kann es da schon mal Ärger geben. Auf meine Frage, wie sie denn mit solchen Leuten klar kämen, lächelte mich die eine alte Dame an, zog die uralte Registrierkasse auf und hielt mir einen großen geladenen Revolver unter die Nase! „Noch Fragen?!" „Uff! Nein!" Das machte Eindruck! Doch ich musste erst dreimal schlucken! Wer rechnet denn schon mit so was? Als wir uns wieder gefasst hatten, Wolf hatte genau so große Augen wie ich bekommen, hab´ ich dann auch mal nachgefragt, ob sie die Kanone denn wirklich schon mal benutzt hätte? Die Antwort kam etwas zögerlich: „Ja, aber nur einmal und da habe ich auch ganz bestimmt nur in die Luft geschossen! Sollte ja nur zur Abschreckung dienen." Während sie das sagte, warfen sich die beiden alten Damen aber einen verstohlenen Blick zu und damit war dieses Thema für sie durch. Mehr wollten sie dazu nicht erzählen. Wir verbrachten trotzdem noch einen sehr lustigen Abend und am nächsten Tag fuhren wir weiter an der Küste entlang in Richtung Süden.

-

Insgesamt haben wir zu dritt einen echt schönen Urlaub verbracht, denn wir blieben auch den Rest der Zeit gemeinsam unterwegs. Erst irgendwo in Italien auf dem Rückweg trennten sich unsere Wege. Ich wollte noch an den Comer See und die beiden am Lago Magiore vorbei. Doch vorher gab es noch ein unfreiwilliges Abenteuer!

Auf dem Heimweg

Wir hatten uns den Fahrplan für die Fähren nach Genua besorgt und festgestellt, dass eine Nachtfähre für uns vom Datum her sehr gut passte. Mit den Motorrädern brauchte man nicht im voraus zu buchen, dafür fand sich fast immer noch ein Platz. Also fuhren wir am passenden Tag nach Bastia, von hier sollte die Fähre abfahren. Etwas schwermütig, wegen des Abschieds von der Insel, fanden wir uns abends am Hafen ein und bemerkten sofort, dass wir nicht die einzigen Motorradfahrer waren, die noch auf die Fähre wollten. Da kamen mehr und mehr Motorradfahrer zusammen und wir wunderten uns schon darüber. Natürlich hatten wir unterwegs auch mehrere Motorräder gesehen, deren Fahrer wir zuvor kennen gelernt hatten, denn man traf sich ja auch auf den Campingplätzen. Doch warum wollten die nun alle auf dieses Schiff? Der Grund für diesen gemeinsamen Aufbruch war auch schnell gefunden. Es war die letzte Nachtfähre, bevor in Frankreich die Ferien anfingen. Natürlich wollten alle noch schnell wieder von der Insel, bevor der große Ansturm kam! Normalerweise waren vielleicht 3 bis 6 Motorräder auf so einer Fähre und fielen dadurch nicht ins Gewicht, doch diesmal waren es 32 Maschinen und noch mehr Personen, denn viele hatten noch eine Sozia hintendrauf. Zu unserem Glück war noch genug Platz vorhanden, so dass wir alle mitfahren konnten. Niemand hatte eine Kabine gebucht und so fanden wir uns alle an Deck wieder. Das ist auf den Mittelmeerfähren durchaus üblich, denn es wird ja auch nachts nicht wirklich kalt. Überall wurden die Schlafsäcke ausgerollt und jeder bereitete irgendwo sein Nachtlager.

Und nun kam das Schönste, denn in einigen Punkten sind wohl alle Motorradfahrer gleich! Am Ende des Tages sind wir ein sehr geselliges Völkchen! Es bildete sich dann auch schnell eine Gruppe, die viel Spaß hatte, denn schließlich waren wir ja alle noch voller spannender Erlebnisse. Nach und nach wurde die Runde immer größer und jeder hatte irgendwas im Angebot. Entweder war es Rotwein, Weißbrot, würziger Käse oder Salami und alle hatten ihre Geschichten zu erzählen. Das Ganze wurde ein sehr langer Abend, mit viel Rotwein und noch mehr guter Laune, niemand dachte daran, dass wir am Morgen das Schiff um 6.30 Uhr wieder verlassen mussten. Doch irgendwann war es so weit und wir räumten, müde und mit ziemlich brummigem Schädel, unsere Sachen zusammen und hockten uns auf die Maschinen. Nach dem Anlegemanöver in Genua rollten wir von Bord. Alle 32 Maschinen schön hintereinander her. Doch es war kaum zu glauben, ausgerechnet uns drei, also Maria, Wolf und mich, holte der Zollbeamte aus der Reihe! Wir mussten mit den Motorrädern rechts raus auf eine extra gekennzeichnete Fläche und wurden recht unhöflich aufgefordert die Maschinen zu verlassen. Nun kam die obligatorische Frage, ob wir etwas zu verzollen hätten. Natürlich verneinten wir und das fand der Beamte scheinbar gar nicht gut denn er musste ja auch eine Daseinsberechtigung haben! Als nächstes mussten wir dann unsere Maschinen abpacken und sie machten sich mit zwei Leuten daran alles zu durchwühlen. Im Kaffeepulver stocherten sie besonders gründlich herum, und damit war klar worauf sie es abgesehen hatten; Rauschgift!

Doch damit konnten wir nicht dienen! Das einzige was sie fanden war eine winzige Hasch-Pfeife die Wolf irgendwo im Gepäck hatte, zum Glück ohne den passenden Inhalt! Irgendwie stachelte das aber den Beamten erst recht an und Wolf und ich mussten uns bis auf die Unterhose ausziehen! Alle Jacken- und Hosentaschen wurden ausgeleert und umgekrempelt. Doch bis auf Schlüssel, Kaugummi, Messer, ein paar Schrauben und sonstigen Kleinkram brachte er nichts mehr ans Tageslicht. Ziemlich unbefriedigt befahl er uns wieder anzuziehen, was wir dann auch taten. Dieser Mensch war wirklich ein sehr unangenehmer Zeitgenosse, doch bis hierhin hatten wir brav gemacht was er uns befohlen hatte. Nun sollte aber etwas geschehen das wir nicht mehr so hinnehmen konnten! Mit einem süffisanten Grinsen wollte er sich nun auch Maria vornehmen. Sie sollte sich in seinem Büro, genau wie wir vorher, vor ihm ausziehen. Das wirkte wie ein Stichwort auf Wolf und mich, wir sahen uns an und waren uns ohne Worte einig! Hier war nun eindeutig Schluss mit lustig! Wir stellten uns in den Türrahmen und gaben dem Beamten zu verstehen, hier und jetzt zieht sich niemand mehr aus und wenn er auf seiner Idee bestünde gäbe es richtig was auf's Maul!

Die ganze Zeit über hatte dieser Mensch so getan als wenn er kaum Deutsch könnte, doch nun schien er diese Ansage sehr wohl zu verstehen denn seine Gesichtsfarbe wechselte zunächst ins weisliche, wurde dann aber tiefrot. Auf italienisch schrie er uns an, doch zum einen verstanden wir keinen Ton und zum anderen war uns die Sache wirklich ernst. Also konnte er so keinen Eindruck bei uns hinterlassen. Doch durch den Lärm war sein Kollege draußen aufmerksam geworden und schaute durch die Tür herein. Wahrscheinlich sprach die Szene schon für sich, so das er keine langen Erklärungen brauchte. Während wir beide drohend rechts und links neben der Tür standen, saß Maria weinend auf einem Stuhl vor dem Schreibtisch und der Beamte stand mit hochrotem Kopf dahinter. Der Kollege kam herein und redete zu nächst mal auf den Anderen ein. Wesentlich freundlicher kam er danach auf uns zu und meinte entschuldigend:

„Es tut mir leid aber mein Kollege hat wohl ein wenig

überreagiert. Sie dürfen natürlich ab jetzt weiterreisen. Wir wünschen ihnen trotzdem eine gute Fahrt!"

„*Man, nichts wie weg hier!"* dachten wir drei uns.

So fuhren wir dann durch die Seealpen Richtung Norden und waren froh das die Sache nicht eskaliert war. Uns war natürlich klar das dass auch für uns böse Folgen gehabt hätte, aber es war ja noch mal gut gegangen!

-

So gibt es immer wieder Erlebnisse und Abenteuer! Mal sehr Schöne, leider aber eben auch weniger Schöne! Ich glaube das liegt zum einen an dem Kontakt zu anderen Menschen den man als Motorradfahrer viel intensiver und schneller bekommt, als wenn man eine Pauschalreise antritt. Aber auch an unvollkommener Technik, denn Motorräder sind nun mal, zum Teil bis zum heutigen Tag, nicht so perfekt und zuverlässig wie ein Auto oder ein Bus. Hinzu kommt noch, das Fahrer und Maschine doch sehr Wetterabhängig sind und dazu fällt mir auch gleich die nächste Geschichte ein.

Mandello de Lario

Die Anfängerzeit hatte ich unbeschadet überstanden und wurde langsam etwas ruhiger. Zumindest im Bezug auf das Motorradfahren! So kam ich in den Besitz einer Moto-Guzzi Mille GT. Nagelneu hab ich sie damals gekauft und freundete mich nach und nach mit ihr an. Es gab technische Probleme, aber auch fahrerische Gewohnheiten die ich mir abgewöhnen musste. Ja, es war wirklich so, es dauerte eine ganze Weile bis wir beide uns zusammengerauft hatten. Das Ganze ähnelt tatsächlich schon einer Beziehung zwischen Mann und Frau! Hier könnte man nun tiefer in die Psyche von Mann und Frau abtauchen und sicher einige Gemeinsamkeiten finden, doch das würde hier den Rahmen sprengen und ich denke darüber gibt es schon genügend Auslassungen von irgendwelchen schlaueren Leuten wie mich. Nein, hier möchte ich lieber schildern wie es mir mit meiner Guzzi ergangen ist.

Es ging also auf den Sommer zu und ich hatte mal wieder Urlaub im Sinn. In der Zwischenzeit war ich nun schon ein paar mal mit unterschiedlichen Maschinen im Urlaub gewesen und die Ziele hatten sich immer zufällig ergeben. Diesmal war es aber anders, denn während ich über mein nächstes Urlaubsziel nachdachte, musste ich noch eine Tachowelle an der Guzzi erneuern.

Eigentlich hatte ich dazu gar keine Lust denn es war schon die Dritte ihrer Art und das Ganze war eine ziemliche Fummelei, irgendwie waren diese Wellen wohl von schlechter Qualität und das ärgerte mich. Doch da fiel mein Blick auf die Verpackung dieser Welle und da las ich:

„Moto Guzzi, Mandello de Lario, Italien.“

Ja, natürlich! Meine Maschine kam ja aus einem sonnigen Urlaubsland! Was lag also näher als dorthin zu fahren? Ich schaute auf einer Karte nach und stellte fest wo dieser Ort liegt. Bald hatte ich ihn gefunden, obwohl er sehr klein sein musste. Ganz im Norden Italiens, am Comersee, sollte er liegen und das war gar nicht so weit von uns! Na ja, immerhin doch fast 1000 Kilometer. Doch für die Guzzi, meinen Langstreckenrenner, sollte das wohl kein Problem sein! Damit stand also das Urlaubsziel fest. Bis dahin war ich jedoch überhaupt kein Fan von Italien, ganz im Gegenteil. Zwar mochte ich auch Nudeln und Pizza, doch die sehr schnelle und laute Sprache schreckte mich ab. Vor ein paar Jahren war ich mit Mirko, einem guten Freund, auf Corsika und während der Rückfahrt hatten wir das, während der Pausen selbst erleben können. An den Italienischen Autobahnen gibt es nämlich mehr Cafe´s und keine richtigen Raststätten. Natürlich hatten auch wir in diesen Cafe´s etwas getrunken und dabei hörte man sofort wenn Italiener anwesend waren.

Es brauchten nur drei oder vier von ihnen hereinkommen, schon war es mit der Ruhe vorbei! Die drei Deutschen und vier Schweizer fielen da gar nicht mehr auf. Außerdem hatte mich auf dieser Fahrt auch noch ein Tankwart um einige Pfennige betrogen. Er war wohl der Meinung mein Wechselgeld wäre automatisch sein Trinkgeld! Meine Guzzi war ja auch nicht gerade toll verarbeitet und all Dass trug nicht dazu bei mir die Italiener näher zu bringen. Das waren erst mal denkbar schlechte Voraussetzungen und doch reizte es mich, einmal zu sehen wo meine Maschine denn nun hergestellt wurde. Bis dahin hatte ich ja nur Motorräder die von sehr weit her kamen. Entweder aus Japan oder, wie im Fall der kleinen Harley, aus Amerika. Bei den beiden Yamaha´s war ich nie auf die Idee gekommen mich für das Ursprungsland zu interessieren und Amerika war mir einfach zu weit weg. So blieben diese Maschinen immer etwas unpersönlich, man wusste einfach nicht wie die Menschen die sie gebaut hatten so tickten.

Doch hier war es jetzt anders. Hier konnte ich mit dem eigenen Fahrzeug bis zur Fabrik fahren! Und genau das tat ich dann auch! Hier erlebte ich dann die echte italienische Lebensart!

Und das Erlebnis ging schon weit oben auf den Alpenpässen los. Da war es nämlich noch sehr kalt und damit hatte ich nicht gerechnet. Schließlich war es Ende April und bei uns im

Münsterland schon richtig warm. Hier oben aber fror ich erbärmlich, also zog ich alles an was mir zur Verfügung stand. Damit sah ich natürlich aus wie ein Michelin-Männchen, doch so war es wenigstens einigermaßen warm. Rechts und links der Fahrbahn waren die Skifahrer unterwegs und ich konnte nur erstaunt zuschauen. Zum Glück waren die Straßen absolut Schneefrei und geräumt! Ein paarmal allerdings schauten mich die Leute völlig entsetzt an und schüttelten mit dem Kopf! Doch ich war froh als ich endlich die Pässe hinter mir ließ.

Mit jedem Kilometer ging es abwärts und wurde gleichzeitig schöner. Die Landschaft wurde lieblicher und grüner. Lange fuhr ich so durch Wald und Wiese auf Chiavenna zu. Die Strecke war wirklich sehr schön. Rechts und links nur Wald und Berge.Ich fuhr nicht sehr schnell, sondern ließ die Maschine einfach rollen. Der Motor lief wunderbar und mir kam der Verdacht das die Guzzi Stalluft witterte. Ja, wir kamen in ihre Heimat und scheinbar tat ihr das richtig gut! Mit solchen Gedanken rollten wir durch diese liebliche Landschaft.

Doch plötzlich stand ich an einer Kreuzung und da war es schlagartig zu Ende mit meiner Träumerei! Hier herrschte das übliche italienische Verkehrsgewühl. Trotzdem musste ich mich nun erst mal orientieren und auf meine Karte sehen. Ich stand also in voller Montur am Straßenrand und schon kamen die ersten Rollerfahrer an mir vorbei. Sie verdrehten ihre Köpfe, sahen mich an und fingen an zu lachen. Auch ein oder zwei Motorradfahrer schauten mich etwas irritiert an und dann fiel es mir plötzlich auf! Natürlich! Ich sah ja aus wie ein Schneemensch mit meinen Klamotten! Hier unten waren lockere, frühlingshafte 23 Grad!

Während der Fahrt hatte ich davon gar nichts bemerkt doch nun begann ich, langsam aber sicher, zu schwitzen. Also fing ich an, Stück für Stück, meine Sachen wieder auszuziehen. Als ich mich aber gerade meiner Stiefel entledigen wollte um so besser aus der Regenkombi zu kommen, hielt neben mir ein Wagen. -Polizia- , las ich nur und schon sprach man mich auf Deutsch an. Ja, da saß eine junge, hübsche Polizistin auf dem Beifahrersitz und die fragte nun leider sehr dienstlich, was das denn wohl werden soll? Na was sollte ich machen? Ich gab mir Mühe die Sache zu erklären und sie wünschte mir, zwar kopfschüttelnd doch mit einem Lächeln, noch eine gute Fahrt! Na, das war doch mal eine nette Begrüßung!

Über Chiavenna ging es weiter in Richtung Lecco am östlichen Arm des See´s. Wer schon mal in dieser Gegend war kann sicher verstehen das mich ein richtiges Urlaubs-Feeling überkam. Es ist wirklich ein sehr schönes Fleckchen Erde! Man fährt ständig an dem, von Zypressen gesäumten, Ufer entlang und hat gleichzeitig den grandiosen Anblick der schneebedeckten Berge rundum. Ein herrliches Panorama! Kurz vor dem Ende des östlichen Seezipfels hatte ich dann mein Ziel erreicht. -Mandello de Lario-

Diesen Namen konnte man sich auf der Zunge zergehen lassen! Doch was für ein Ort! Ja, es war nicht mehr als ein 5000- Seelen Dorf! Dazu noch recht ärmlich und etwas herunter gekommen. Die Lage allerdings ist wunderschön! Direkt zwischen den Bergen und dem See gelegen hat diese Lage aber auch einen großen Nachteil; der Platz ist einfach sehr begrenzt. Der ganze Ort zieht sich über mehr als zwei Kilometer am Lago di Como entlang, doch die Breite beträgt maximal 500 Meter. Danach werden die Felswände so steil das man nicht mehr bauen kann.

Für mich war es allerdings mehr als nur ein Dorf von vielen, denn hier war die Geburtsstätte meiner Mille GT! Zunächst suchte ich mir aber einen Campingplatz und wurde schon wieder enttäuscht, denn der einzige Platz in diesem Dorf war auch schon etwas herunter gekommen. Überhaupt schien mir das auf die gesamte Gegend zu zutreffen.

Man konnte überall sehen, das hier schon bessere Zeiten geherrscht hatten. Trotzdem, oder vielleicht grade deswegen, waren die Einwohner sehr freundlich. Am Abend bot die Frau des Platzwartes Spagetti aus eigener Küche an. Ganz unkompliziert, super lecker und gar nicht teuer! Da auf dem Platz, außer mir, nur fünf oder sechs Leute mit Zelt waren, ging das fast wie bei einer Familie. Wir saßen alle zusammen an einem Tisch und futterten gemeinsam mit den Wirtsleuten. Alle Gäste waren mit Motorrädern gekommen und so gab es natürlich sofort etwas zu erzählen. Es stellte sich heraus das meine beiden Tischnachbarn zur linken aus Bochum kamen, beide auf Moto-Guzzi. Ihre Maschinen hatten sie zu wunderschönen Cafe-Racern umgebaut. Auch die Drei die uns gegenüber saßen waren mit Motorrädern gekommen, doch nur einer von ihnen fuhr eine Guzzi. Die beiden Anderen fuhren jeweils eine Honda. Da sie aus Holland kamen klappte die Verständigung recht gut. Es dauerte auch gar nicht lange bis der Wein auf den Tisch kam und schon schwärmte uns der Platzwart vor wie schön doch seine Guzzi wäre. Er war stolzer Besitzer einer V-65 Lario und die wäre doch viel besser als unsere. Na, damit hatte er aber in ein Wespennest gepiekt! Wer uns Motorradfahrer kennt, weiß was nun kam. Es folgte eine heftige Diskussion, weil natürlich jeder seine Maschine für die Beste hielt.

Mit zunehmendem Rotweingenuss wurde die Sache aber immer lustiger und wir hatten eine Menge Spaß! So verging dieser Urlaub viel zu schnell und nach gut einer Woche schrauben, fahren, Cappucino trinken und die Sonne genießen, trat ich den Heimweg an. Von den Bochumern hatte ich ihre Adressen bekommen, denn die Beiden hatten eine Menge Ahnung von der Moto Guzzi Technik und mir schon gut geholfen.

-

So hatte ich einige Erfahrung sammeln können und war schon ein paar mal mit dem Motorrad in Südeuropa. Natürlich zog es mich Richtung Süden denn hier war das Wetter fast immer schön. Für uns Motorradfahrer eine feine Sache, vor allem wenn man auch noch Zelten will. Doch dann hatte ich etwas über die Isle of Man gelesen. Eine Insel in der Irischen See von der die meisten Leute wohl bis zum heutigen Tage nichts wüssten, wenn, ja wenn da nicht dieses sagenhafte Motorradrennen wäre! Die so genannte 'Tourist Trophy', oder einfach nur TT genannt. Dieses Rennen ist etwas ganz Besonderes denn es findet auf ganz normalen Landstraßen statt, die einfach für die Dauer des Rennens gesperrt werden. Das ist, soweit ich weiß, auf der Welt einmalig, leider aber auch nicht ganz ungefährlich! Davon will ich hier erzählen.

Isle of Man

Es ist eine überaus ernste Geschichte, ohne 'Happy End', bei der ich mir, wenn ich sie erzähle, gern mal einen richtig guten Whisky genehmige. So einen richtig Guten den die Schotten am liebsten selber trinken! Ja ich kann mich noch sehr gut daran erinnern, denn so ein Erlebnis brennt sich einem ins Gedächtnis, das könnt ihr mir glauben!

Es war im Frühjahr 1993 als ich meine Frau kennen und lieben lernte. Nun hatte ich aber schon im Vorjahr für mich diese Reise zur Isle of Man gebucht, das heißt eigentlich nur die Fährfahrten doch die wollte ich nicht gern wieder stornieren. Also fragte ich Manuela ob sie denn wohl mitfahren würde? Ganz spontan und natürlich frisch verliebt sagte sie zu. Super! Das war ja perfekt! Nun brauchte ich nur noch die Fährtickets dazu buchen und wir würden einen tollen Urlaub haben.

Ganz so einfach wurde es dann leider nicht denn die Tickets waren erst eine Woche vor unserer Abreise im Reisebüro und für Manuela bekamen wir erst in Oostende im Fährhafenbüro die notwendigen Unterlagen. Zum Glück waren wir schon eine Woche vor dem Rennen unterwegs, somit herrschte noch kein so großes Gedrängel. Wenn einem das zu Anfang der Trainingswoche oder gar der Rennwoche passiert na dann gute Nacht Marie! Hier muss ich wahrscheinlich mal etwas zum Organisatorischen dieser TT sagen. Die ganze Veranstaltung dauert genau zwei Wochen und teilt sich in eine Trainigs- und eine Rennwoche. Der Sonntag zwischen den beiden Wochen ist Rennfrei. An den einzelnen Tagen finden drei bis vier Rennen statt. Zwischendurch gibt es außerdem noch Sonderveranstaltungen wie Markentreffen, Ausstellungen, Bergrennen, Oldtimer treffen usw. Das spannendste an diesen Rennen ist aber in Wirklichkeit die eigentliche Rennstrecke, es ist bis zum heutigen Tag eine ganz normale Landstraße die nur für die Zeit der Läufe gesperrt wird! Das ist es was diese Veranstaltung ausmacht. Da die ganze Geschichte ja nun zwei Wochen läuft und jedes Jahr so 20 bis 30 Tausend Motorradfahrer die Insel bevölkern wird es während dieser Zeit ganz schön eng. Natürlich haben die Insulaner nicht so viele Gästebetten zur Verfügung, also wird jeder Sportplatz, jede Wiese vor dem Haus und überhaupt jeder freie Fleck zum Zelten genutzt. Leider hatten Manuela und ich das Pech echtes englisches Frühsommerwetter für unsere Reise zu erwischen. Das heißt so um die 10 Grad, Windstärke 5 bis 6 und dauernden Regen! Als wir auf die Insel kamen war also wirklich Mistwetter, doch wir ließen uns die Laune nicht verderben und suchten uns erst mal einen Zeltplatz. Vom Fährhafen in Douglas fuhren wir so 10 km bis nach Peel dort hatte man den Sportplatz kurzerhand zu einem Zeltplatz umfunktioniert und der sollte uns nun als Heimathafen dienen. Da wir aber schon eine Woche vor der Veranstaltung ankamen waren wir tatsächlich zunächst ganz alleine auf diesem großen Platz. Das war schon ein sehr seltsames Gefühl! Doch im Laufe der Woche füllte sich die Wiese immer mehr. Natürlich lernt man den Einen oder Anderen sofort kennen und unterhält sich eben. So auch mit vier jungen Männern die ihre Zelte nur ein paar Meter von unserem aufgestellt hatten. Diese Vier, Namen möchte ich hier nicht nennen, waren richtig gut drauf und freuten sich schon auf die Renntage. Uns Allen machte allerdings das schlechte Wetter zu schaffen und nachdem bei den Jungs zwei Zelte Leck geschlagen waren und auch weiterhin keine Besserung in Sicht kam setzten sie alles daran doch noch irgendwo ein Zimmer zu bekommen. Sie mussten offensichtlich Erfolg gehabt haben, denn am nächsten Tag waren sie mit Sack und Pack verschwunden.Nun dachten wir nicht weiter darüber nach, denn in den Regenpausen gab es soviel zu sehen auf dieser Insel und wir nutzten jede Gelegenheit dazu. Dann kam die Trainingswoche und genau am Montagmorgen, kurz vor den ersten Traingsläufen hörte der Regen endgültig auf und die Sonne meldete sich zurück! Damit stiegen nicht nur die Temperaturen, sondern auch unsere Laune besserte sich merklich! Wir besuchten einige Sondersachen und natürlich die tollen Rennen, dazu hörte man am besten immer `Radio TT´ damit man auch nichts verpasste. Die ganze Strecke ist etwas über 60 km lang und dadurch mussten wir uns immer schon vorher überlegen an welcher Stelle wir wohl zuschauen wollten. Einmal hatte das nicht geklappt und wir wollten während des Trainings noch die Stelle wechseln, eigentlich kein Problem denn es sind ja alles öffentliche Straßen also machten wir uns auf die Socken und fuhren ein Stück weiter. Dabei muss mir aber irgendwie entgangen sein das wir einmal die Rennstrecke kreuzen mussten. Wir fuhren also bis zu besagter Kreuzung und ich wunderte mich schon über die vielen Leute die hier so rumstanden. Doch noch nichts Böses ahnend rollte ich immer weiter bis uns plötzlich ein `Bobby´ sah. Sofort drehte er sich erbost zu uns herum und schrie mich mit erhobener Hand an „ *Stop!* "

Das war natürlich ein Weckruf und schon hielt ich an. Im lauten Ton fuhr mich der Bobby an „ *You can't go here! Stop the Motobike!* "

Puh, mir wurde natürlich sofort klar was hier beinahe passiert wäre! Wir ließen also das Motorrad stehen und verdrückten uns schuldbewusst in die Menge. Ja die Absperrung besteht eben bestenfalls aus einem einzigen Bobby, manchmal auch nur aus einem Streckenposten und diese Streckenposten sind meistenteils honorige ältere Herrn die in Ihren Wachsjacken oder Mänteln oft nur an einer Armbinde zu erkennen sind. Auch die

Streckensicherung ist dort alles andere als sicher, nur an den ganz schlimmen Stellen ist mit Strohballen vorgesorgt worden. Das wäre in unserem Lande wohl undenkbar, hier würde man erst mal alles mit einem Zaun absperren und mit Warnschildern versehen und wahrscheinlich würde so ein Rennen sowieso gleich verboten! Uns machte die ganze Sache aber mächtig Spaß! Insgesamt war es nach dem langen Regen jetzt richtig schön und auch um Einiges wärmer. Irgendwann hörte ich in unserem kleinen Kofferradio sogar die Wettervorhersage und dachte ich höre nicht recht. Da sagt doch der Wettermann: „*Today is a very hot Summerday with 21 Degreace!*"
Ich konnte es kaum glauben doch die Engländer sind wirklich etwas anders in diesen Dingen! Aber sei´s drum, wir für unseren Teil fanden das Wetter ja auch schön, nur war es eben kein heißer Sommertag! Doch dann bahnte sich das Unglück an.
Die Rennatmosphäre uferte immer mehr aus und zwischen den Rennen meinten immer wieder Leute sie müssten neue Geschwindigkeitsrekorde aufstellen. Allein oder auch in kleinen Gruppen nagelten sie um die Rennstrecke, die ja dann eigentlich ganz normale Landstraße war und auch von morgendlichen Milchwagen, Postautos und LKW´s genutzt wurde. Manche unserer Zunftgenossen fuhren als wenn es Preise dafür gäbe! Somit ließen dann auch die ersten schweren Unfälle nicht lange auf sich warten! Wir waren den ganzen Nachmittag in Douglas unterwegs und hatten uns am Abend vor `Buschy´s Pub´ ein nettes Fleckchen gesucht. Es war ein richtig schöner Tag und nun wollten wir uns die leicht verrückten Biker aus ganz Europa anschauen. Und da gab es Einiges zu sehen! Von Mädchen, die mit nacktem Hintern bei ihren Freunden auf der Maschinen saßen, bis zu spektakulären Stoppies oder Wheelies mit richtig dicken Motorrädern und natürlich den tollen Umbauten!
Doch irgendwann kam dann die Sperrstunde und wir beschlossen Feierabend zu machen und den Rest des Abends vor unserem Zelt zu verbringen. Wir machten uns startklar und fuhren aus Douglas heraus in Richtung Peel. Die Landstraße bot hier eigentlich nichts

Besonderes, vor allem nicht im Dunklen. Der einzige Haken war die wirkliche Dunkelheit, denn von irgendeiner Beleuchtung war hier nichts zu sehen. Man sah also tatsächlich nur das Licht vom eigenen Scheinwerfer. Und plötzlich tauchte im Scheinwerferkegel vor uns etwas auf der Straße liegendes auf. Ich fuhr sofort langsamer und wir erkannten ein auf der Seite liegendes Motorrad. In so einem Augenblick gehen einem tausend Sachen durch den Kopf, wir hatten ja keine Ahnung was da auf uns zukam! Natürlich hielten wir an und ich stellte unsere Maschine so auf, dass unser Warnblinklicht schon von weitem zu sehen war. Dann gingen wir zu der Maschine und ich sah das die Zündung noch angeschaltet war und die Kontrollleuchten noch brannten. Ich kniete mich neben die Maschine und schaltete die Zündung aus, dann schauten wir uns nach dem Besitzer um. Rund um uns war es Stockdunkel und nur der Scheinwerferkegel unserer Maschine erhellte ein wenig die Scene, selbst der Mond war nicht zu sehen. Leider brauchten wir nicht lange Suchen denn der junge Mann, der offensichtlich zu der Maschine gehörte, lag vielleicht 20m weiter ebenfalls mitten auf der Straße. Die ganze Sache war schon sehr unheimlich und wir gingen mit einem schlechten Gefühl zu ihm herüber. Sofort bemerkten wir das kleine Blutrinnsal aus seinem Helm und versuchten ihn anzusprechen, doch hier kam jede Hilfe zu spät.
Der junge Mann war Tod!
Das war ein Schock! Doch was sollten wir nun machen?
Ich würgte ein aufkommendes Gefühl der Panik herunter und bemerkte das Manuela ganz ruhig blieb. Wir beschlossen das Manuela bei den Motorrädern bleiben und ich zu Fuß zum nächsten Bauernhof gehen musste. Doch es kam etwas anders als gedacht, denn ich war kaum losmarschiert als mir ein Auto entgegen kam und sich sogar als Polizeiwagen heraus stellte. Aufgeregt hielt ich den Wagen an und musste mich erst mal sammeln bevor ich in der Lage war den Polizisten zu erklären was denn hier passiert war. Ab da übernahmen die Bobby´s ganz ruhig den Unfallort, während dessen der Eine mit uns sprach regelte der Andere alles weitere.

Man merkte sofort das die Beiden eine Standartsituation abspulten. Manuela und ich wurden nach den Personalien befragt und nach dem genauen Hergang, über Funk riefen die Beiden noch einen Bulli der einen Beleuchtungsmasten mitbrachte und dann wurden bei guter Beleuchtung die Spuren gesichert.

Wie gesagt für die Bobby's offensichtlich eine Standartsituation, doch für uns ganz schön aufregend. Der eine der Beiden kam zwischendurch immer wieder mal zu uns um zu sehen wie es uns ging, hauptsächlich wohl wegen Manuela obwohl sie die Ruhigere von uns beiden war. Wir standen also gerade so zu dritt neben unserer Guzzi da rollte ein fremder Motorradfahrer auf uns zu und der freundliche Bobby wollte ihn mit dem allseits bekannten Handzeichen und einem lauteren *„Stop"* anhalten. Der Fahrer schien aber seinerseits gar nichts davon zu halten auf dieses Kommando zu hören. In dem Augenblick fiel schlagartig alle Freundlichkeit von unserem Bobby ab und er brüllte den Motorradfahrer an *„Wenn I say Stop, then Stop! You can't go here! You leave this Place in this Direktion, now!"* Mit diesen eindeutigen Worten schickte er ihn wieder in die Richtung woher er gekommen war. Ziemlich verdattert drehte der Fahrer seine Maschine und machte sich ohne weiteren Kommentar von dannen. Wir hatten ja auch schon ein wenig Erfahrung mit dieser Seite der Ordnungsmacht und mussten feststellen das hier in so einem Fall nicht Diskutiert wird! Wir Deutschen sind das häufig nicht gewöhnt doch im Ausland sollte man sich wirklich an solche Anweisungen halten, denn das sind keine freundlichen Vorschläge sondern ganz klare und direkte Befehle!

Nach einiger Zeit entließen uns die Bobby's und wir fuhren endlich zu unserem Zeltplatz. Dort saßen wir noch lange nachdenklich vor dem Zelt. Am nächsten Morgen ließen wir uns etwas mehr Zeit beim Frühstück und sprachen nochmal über den Vorfall. Es dauerte aber gar nicht lange da bekamen wir Besuch von der örtlichen Polizei. Sie hatten uns schon gesucht um uns eine Vorladung zu überreichen. Die besagte das wir zur Gerichtsverhandlung vier

Tage später kommen sollten. Offenbar wollte man so schnell wie möglich die Sache vom Tisch haben, auch uns zuliebe.

Wir unternahmen natürlich weiterhin Ausflüge über die ganze Insel doch um so verrückter die anderen Verkehrsteilnehmer fuhren, vor allem direkt nach den Rennen, um so vorsichtiger wurden wir. Und dann kam der Tag der Verhandlung. Wir fuhren nach Douglas zum Gericht und meldeten uns als Zeugen an. Im Warteraum trafen wir drei der jungen Männer wieder die ein paar Tage zuvor noch auf dem Zeltplatz waren und die dann wegen dem starken Regen ein festes Quartier in Douglas genommen hatten. Natürlich fragten wir zuerst ob sie auch etwas mit diesem Unfall zu tun hätten und der Schock ließ nicht lange auf sich warten. Tatsächlich war eben ihr Freund das Unfallopfer! Sie berichteten das sie nun ein Zimmer in Douglas hätten und ihr Kumpel an dem Abend wohl meinte er müsse nochmal nach Peel. Scheinbar wusste keiner der Drei warum er dorthin wollte. Sicher war nur das er eine junge Frau und zwei Kinder in Deutschland zurückließ!

Da wir ja nun die Ersten am Unfallort waren, wollte der Richter zumindest meine Aussage haben. Ich musste also nochmal ganz genau den gesamten Hergang schildern und wurde auch nach Einzelheiten gefragt, wie Uhrzeit und Dauer der ganzen Sache. Dann kam eine Gutachterin zu Wort die erklärte das meine Aussage mit ihrem Gutachten Übereinstimmung zeigen würde und damit wurde es verlesen. Die ganze Geschichte war ungefähr so abgelaufen:

Der junge Mann war in Peel losgefahren und wollte nach Douglas (das `Warum´ blieb vorerst ungeklärt) muss dabei auf der Landstraße bis zu 160 kmh (laut Gutachten) gefahren sein. Das ging bis zu dem Unfallort gut doch hier hat die Straße einen leichten Versatz und den konnte er bei dem Tempo nicht bewältigen. Dadurch kam er mit einer kleinen Begrenzungsmauer neben der Straße in Konflikt und Stürzte in Folge dessen. Beim anschließenden Aufprall brach er sich die Halswirbelsäule und war sofort Tod. Wenige Minuten nach diesem Geschehen kamen wir dann aus der entgegengesetzten Richtung an den Unfallort.

Die ganze Verhandlung dauerte gerade mal eine gute Stunde, doch die Betroffenen brauchten sicher sehr, sehr lange um das Ganze zu verarbeiten! Für uns ging derweil der Urlaub weiter, einige Tage hatten wir ja noch und die wollten wir uns nicht verderben lassen. Allerdings dachten wir schon das ein oder andere Mal darüber nach. Natürlich hatte uns das Geschehen auch ziemlich mitgenommen und bei einigen Leichtsinnigkeiten der anderen Motorradfahrer mussten wir nun den Kopf schütteln. Nachträglich muss gesagt werden das 1993 während der Tourist Trophy auf der Isle of Man zehn Personen durch Unfalleinwirkung verstorben sind, sowohl Rennfahrer als auch Privatleute. Das war eindeutig zu viel. Aber Bitte! Jetzt sollten nicht gleich wieder alle nach mehr Sicherheit und Verboten schreien, denn der größte Teil war selber Schuld! Ja glaubt es mir! Wie soll man jemanden vor seiner eigenen Dummheit schützen?

Immerhin ist das Rennen auf der Insel einmalig und dadurch doch wohl schützenswert. Auch hat man im laufe der Zeit durch verschiedene Maßnahmen die ganze Sache etwas entschärft und dadurch nicht mehr so viele Tote, aber man kann eben letztendlich Niemand daran hindern sein eigenes Leben zu riskieren! Nun sei´s drum. Wir hatten trotz allem noch einige spannende Tage und insgesamt einen sehr schönen Urlaub.

-

Tatsächlich war und ist der Urlaub auf der Isle of Man etwas ganz besonderes! Man kann ihn mit keinem 'normalen' Urlaub vergleichen. Die Insel lebt von der `TT´ und einigen kleineren Veranstaltungen! Doch auch andere Ziele haben ihren Reiz.

Sardinien

Es ist noch nicht so lange her da entdeckten wir (das heißt Manuela und ich!) das ein Auto mit Anhänger und Motorrad hinten drauf für weitere Reisen sehr bequem und praktisch ist. Man hat kein Gepäckproblem und auch keine Sorgen mit dem Wetter, selbst die langen Autobahn Etappen verlieren ihre Schrecken. Vor Ort ist man außerdem beweglich und kann die schönsten Touren machen. Natürlich hat die Sache auch einige Nachteile, doch uns machte es trotzdem sehr viel Freude! Eines Tages fuhren wir sogar bis in den Süden Sardiniens! Auf dieser wirklich schönen Insel hatten wir ein kleines Ferienhaus gebucht. Direkt vor diesem Haus konnten wir unseren Fuhrpark lassen und brauchten ab da nur noch das Motorrad. Wir hatten durchgängig schönes Wetter und sahen eine ganze Menge von der Insel. An besonders heißen Tagen verbrachten wir unsere Zeit allerdings lieber mit baden und sonnen am Strand. Eine wirklich herrliche Zeit!
Doch leider geht gerade Die immer viel zu schnell vorbei! So packten wir also nach vierzehn Tagen unser gesamtes Hab und Gut wieder zusammen und machten uns auf den Heimweg. Da unsere Fähre von Olbia nach Livorno wieder über Nacht fuhr, hatten wir den ganzen Tag Zeit um wieder in den Norden der Insel zu kommen. Auf dem Hinweg waren wir dazu an der Küste entlang gefahren, doch diesmal wollte ich die schönere Strecke über die Berge nehmen. Nach unserer Landkarte ging es hier richtig hoch hinaus, immer über kleinste Straßen! Wir hatten Zeit genug und freuten uns über die tolle Landschaft. In einer Ortschaft am Wegesrand hatten wir uns zwei Sandwich geholt und als es nun in die Berge ging machten wir nach der fünften oder sechsten Kehre eine Pause. Eine besonders schöne Stelle hatten wir uns dafür ausgesucht, denn man konnte ganz wunderbar über das Tal schauen. Es lag vor uns wie eine Bilderbuchlandschaft und wir sogen das Panorama noch einmal in uns auf. Doch auf einmal hörte ich ein tieffrequentes Röhren unter uns und schaute die Straße

hinunter. - Oh nein - schoss es mir durch den Kopf - da kommen drei dicke Laster und wir hängen gleich dahinter! -
„Los mein Schatz, ab ins Auto! Bevor wir die gleich vor der Nase Haben!" Gesagt, getan! Schon saßen wir im Auto und ich gab richtig Gas. Doch was war das? Die Laster waren ziemlich schnell hinter uns und drängelten sogar ein wenig! Das hatte ich mir irgendwie anders vorgestellt denn genau genommen hatte ich ja den Lastwagen die Vorfahrt genommen. Nun gab ich noch ein wenig mehr Gas um Abstand zu gewinnen, doch die LKW blieben uns auf den Fersen. So ging es bergauf, bergab und eine Kurve nach der anderen. Mit unserem Auto, einem Opel Astra, und dem Anhänger dahinter war auf dieser Strecke wirklich nicht mehr drin. Zu meinem Unglück kannten die LKW-Fahrer die Straße auch noch sehr gut. Ich hätte ja gerne angehalten um Sie vorbei zu lassen doch hier war die Straße einfach zu schmal. Dann auf der Passhöhe kam ein großer Parkplatz auf den wir sofort einbogen in der Hoffnung unsere Verfolger dadurch los zu werden. Die LKW-Fahrer hatten aber die Situation erkannt und donnerten hinter uns her. Alle gemeinsam hielten wir an und die anderen Fahrer stiegen sofort aus Ihren Lastern und kamen auf uns zu. Mich plagte derweil mein schlechtes Gewissen. Trotzdem stiegen auch Manuela und ich aus, denn wir brauchten wirklich mal eine Pause. Kaum stand ich neben dem Wagen, sprach mich einer der Fahrer an und meinte:
„Na für so viel Dreistigkeit wäre jetzt aber eigentlich einer fällig!"
„OK" lenkte ich ein *„ich geb einen aus!"*
Damit waren alle einverstanden und wir stiefelten gemeinsam zu dem hiesigen Lokal. Das Ganze entwickelte sich dann bald zu einer sehr lustigen Runde und wir wären gern länger geblieben, doch wir mussten ja noch unsere Fähre erreichen. Natürlich war keiner der LKW- Fahrer ernsthaft böse auf uns denn sie hatten sich einen Spaß daraus gemacht uns über die Pässe zu jagen. So ein leerer LKW ist halt nicht zu unterschätzen!

Damit ist man auf sardischen Straßen nicht der Schnellste,

die Suzuki allein wäre mir da viel lieber gewesen!

Trotz allem war dieser Urlaub ja schon fast perfekt! Es gab keine Unfälle und auch keine Ausfälle, nichtmal irgendwelche größeren Schwierigkeiten. Das hatten wir aber auch schon ganz anders erlebt! Zum Beispiel die Geschichte, die uns auf unserer ersten Korsika Reise erwischt hat. Es war 1994 und der Frühling und Sommer fielen ziemlich feucht aus.

Mal wieder Korsika

Es war mal wieder Urlaubszeit und ich hatte Manuela überzeugt, mit der Mille GT und mir, nach Korsika zu fahren. Die Vorbereitungen hatten gut geklappt und diesmal hatten wir nicht ganz so viel Gepäck. Im Jahr zuvor waren wir zur Isle of Man gefahren und hatten dort wegen des schlechten Wetters einige Klamotten mehr mitnehmen müssen. Natürlich blieb wegen des Zeltens schon eine Menge mitzunehmen, doch schließlich hatte ich auch einige Übung im Packen und Manuela hatte im Jahr zuvor so einiges dazu gelernt. Im Gegensatz zu unserem letzten Urlaub hatten wir nicht viel geplant, wir wollten diesmal ganz nach Lust und Laune entscheiden wo, und wie lange wir irgendwo bleiben, nur als Ziel hatten wir uns Korsika gesetzt. An einem richtig schönen Spätfrühlings- oder Frühsommertag ging es also Richtung Süden über die Autobahn. Bei schönem Wetter lief die Guzzi am besten und ich ließ sie ordentlich rollen. Unser erstes Quartier hatten wir dann irgendwo im Allgäu, nahe am Bodensee. Bis hierhin lief dann auch noch alles so wie wir uns das gedacht hatten. Wir bekamen ein ordentliches Zimmer in einem Gasthof und sogar im gleichen Hause ein zünftiges Abendessen, so das wir zufrieden und gesättigt schlafen konnten. Nach dem Frühstück zeigte sich aber das daß Wetter umgeschlagen war, denn es hatte schon während der Nacht angefangen zu regnen. Auch sah es nicht danach aus als wenn es in nächster Zeit wieder trocken würde. Tja, was sollten wir machen? Der Wetterbericht im Radio machte uns auch wenig Hoffnung, für den Rest des Tages war nur noch Regen gemeldet. Nach kurzer Überlegung entschlossen wir uns aber zum Aufbruch, denn warten hatte da wohl wenig Sinn. Schließlich beschrieb ich meinem Schatz wie schön das Wetter bei meinem letzten Urlaub in Italien war, das war dann wohl ausschlaggebend und wir wollten möglichst bald dorthin! Aber zuerst kamen ja mal die Alpen! Wir fuhren immer höher und arbeiteten uns langsam die Pässe herauf. Bald ließ der Regen hier zwar etwas nach doch dafür wurde es immer Kälter! Dabei hatten wir uns doch auf Sommer und Sonne gefreut! Auf der Höhe zwischen Julierpass und Malojapass rollten wir an noch zugefrorenen Seen entlang und froren erbärmlich! Tja, aber wir bissen die klappernden Zähne zusammen und fuhren weiter. Meinem Schatz hatte ich ja nun vorgeschwärmt wie schön es auf der anderen Seite der Alpen wäre und das mit jedem Meter den man durch die lieblichen Wälder Italiens abwärts führe, es auch schöner und wärmer würde. Das war ein Fehler! Irgendwann fuhren wir über den Maloja-Pass und von dort ging es wirklich nur noch bergab bis zum Comersee. Doch von Lieblichkeit und schönem Wetter keine Spur!

Ganz im Gegenteil! Je weiter wir talwärts rollten, um so stärker regnete es auf uns herab! Zum Schluss schüttete es über uns wie aus Eimern. Na, ich glaube ich brauche hier nicht weiter unsere Laune beschreiben, die stand tatsächlich auf dem Tiefpunkt und natürlich bekam ich die Schuld! Schließlich hatte ich ja erzählt wie schön es hier wäre und damit war ich eindeutig als der Verantwortliche ausgemacht. Natürlich konnte ich nichts für das Wetter, doch irgendjemand muss nun mal in solchen Situationen der Sündenbock sein und diesmal war ich es. Nun ja, ich nahm es gelassen und versuchte gar nicht erst den Schuldspruch zu bestreiten, es wäre sowieso sinnlos gewesen.

Zu meinem Glück hörte es kurz vor Chiavenna auf zu regnen und wir konnten in Mandello unser Zelt im trockenen aufbauen. Damit war der Ärger aber noch nicht völlig erledigt, denn in den frühen Morgenstunden fing es wieder an zu tröpfeln. Auch das hatte ich natürlich nicht vorausgesehen und als mein Schatz das Prasseln auf dem Zeltdach hörte, wurde ich wieder schuldig gesprochen und leise verflucht! Ich stellte mich derweil schlafend, denn sonst hätte ich den vollen Segen abbekommen! Na, und wer will das schon? Und das nächste Erlebnis ließ jedoch nicht lange auf sich warten. Zwei Tage blieben wir in Mandello doch dann wollten wir weiter nach Genua um von dort mit der Fähre nach Korsika zu kommen. Genua lag von der Entfernung der in Frage kommenden Häfen am nächsten und bot sich deshalb an. Wir hatten es nicht eilig denn die 250 Km durch die Poebene dauerten nach meiner Schätzung nur 3 bis 4 Stunden und wir brauchten erst am Abend im Hafen zu sein. Ich hatte mir überlegt das eine Nachtfähre das beste wäre denn dadurch kamen wir passend am Morgen an und brauchten nicht noch einmal für die Nacht ein Quartier suchen. Von meinen letzten Urlauben wusste ich das viele Motorradfahrer das so machten. Wir bummelten also ein wenig unterwegs und kamen schließlich am späten Nachmittag im Hafen von Genua an. Nun ist Genua keine sehr schöne Stadt und den Hafen kann man nur als dreckig bezeichnen. Eben ein typisch italienischer, etwas herunter gekommener Container- und Frachthafen. Der Fährterminal ist dabei nur ein ganz kleiner Teil dieser riesigen Anlage. Schön ist es aber auch hier nicht. Hier kamen wir also nach einigem Suchen an und was mussten wir feststellen? Kein Schiff, keine Fähre, nichts! Verdammt noch mal! Das kann doch nicht sein! Doch leider war hier wirklich weit und breit keine Fähre in Sicht. Und nicht nur das, denn es gab nicht mal einen Ticketschalter oder so etwas an dem man mal hätte fragen können! Was sollten wir also tun?

Während ich noch unschlüssig am Motorrad stand, hatte Manuela sich schon umgeschaut und gleich eine Hafenkneipe entdeckt. Doch diese Kneipe war wirklich eine richtige Spelunke! Wir fassten aber unseren ganzen Mut zusammen und gingen hinein. Schließlich befanden wir uns mitten in Europa, in einem kultivierten Land. Doch davon schien man hier weit entfernt! Ein paar Hafenarbeiter im dreckigen Arbeitsanzug saßen in der einen Ecke und tranken Wein, in einer anderen Ecke unterhielten sich lautstark einige Nordafrikaner, wie ich an der Hautfarbe zu erkennen meinte. Die waren nun offensichtlich nicht weniger schmutzig als die Hafenarbeiter und so entfaltete sich eine gewaltige Dunstwolke in dieser relativ kleinen Kneipe. Der Geruch von brackigem Hafenwasser, Dieselöl, Fett, Schweiß und noch einigen anderen Sachen schwebte durch diesen Raum. In diesen Palast der Düfte traten wir also ein und wurden sofort begafft wie das siebte Weltwunder. Die Gesichter drehten sich in unsere Richtung und sofort redeten alle durcheinander. Mein Schatz und ich verstanden keinen Ton, also wanden wir uns zielstrebig an die Wirtin, die zwar auch etwas schmuddelig wirkte doch wenigstens ein bisschen Englisch sprach. So erfuhren wir das in der Vorsaison die Fähre nur zweimal in der Woche fuhr und in den nächsten drei Tagen passierte hier nichts mehr. *„Ach du Schei....!"*

Dann kramte die, tatsächlich sehr freundliche, Wirtin aber einen Fährplan hervor und rettete dadurch die Situation für uns. Dieser Fährplan war nämlich für alle Fähren nach Korsika gültig und zeigte somit auch die Abfahrtszeiten aus anderen Häfen an. Wir bedankten uns herzlich und beratschlagten erst mal, was jetzt zu tun wäre. Laut dem Plan fuhr die einzige Nachtfähre an diesem Tag von Livorno und wir beschlossen diesen Versuch zu wagen, denn in dieser Stadt drei Tage warten wollten wir auf keinen Fall. Das übelste das uns hätte passieren können war, das in Livorno auch kein Schiff fährt und dann konnten wir uns immer noch dort einen Zeltplatz suchen. Das waren zumindest meine Gedanken. Mein Schatz hingegen hatte sich schon damit abgefunden irgendwo am Straßenrand übernachten zu müssen! Ihr wäre wohl ein Hotel in Genua lieber gewesen. Das kam für mich aber nicht in Frage und so fuhren wir die 250 Kilometer Autostrada bis nach Livorno. Kurz vor der Hafeneinfahrt hatte ich dann aber auch ein mulmiges Gefühl, denn es war schon fast 22 Uhr und wenn nun wirklich kein

Schiff da wäre, hätten wir mitten in der Nacht ohne Quartier dagestanden! Doch zu meiner Beruhigung und Manuelas Überraschung sahen wir die im dunklen Hafen liegende Fähre sofort. Erst wer das erlebt hat kann sich so an diesem Anblick freuen, mir fiel wirklich ein Stein vom Herzen!

Der nächste Schritt war natürlich noch an Bord zu kommen, daher sausten wir sofort in das Ticketbüro und versuchten dort unser Glück. Die Dame am Schalter war auch sehr freundlich, sprach aber auch nur Englisch. Manuela hatte gar nicht richtig verstanden was Sie von uns wollte, doch ich hatte den Sinn ihrer Worte verstanden und sagte ohne großes Überlegen zu. Im Normalfall wäre ich per Deckpassage hinübergefahren und hätte meinen Schlafsack irgendwo auf einer Bank oder so ausgerollt, doch das wollte ich meinem Schatz diesmal nicht antun. Also hatte ich bei der Frage ob mit oder ohne Kabine, eindeutig -mit- gesagt. Zum Glück konnte ich bei Manuela damit einiges wieder gut machen! Als wir also mit unseren Tickets an Bord kamen, konnten wir gleich, glücklich und froh, unsere Kabine beziehen. Natürlich mussten wir zuerst bei der Dame an der Rezeption fragen wo denn nun diese Kabine lag und wie man dort am schnellsten hinkommt. Die betrachtete uns zwar mit erhobener Nase und einem leicht angewiderten Gesichtsausdruck, gab jedoch freundlich Auskunft. Na ja, zugegeben wir sahen auch nicht mehr sehr gut aus, denn der Straßendreck und die feuchte Hitze in der Poebene hatten uns ganz schön zugesetzt. Doch gegen all diese Strapazen half zunächst mal eine Dusche und nachdem wir unser Zimmer gefunden hatten, haben wir die auch ausgiebig genutzt. Danach haben wir uns ein wenig ausgeruht und umgezogen denn wir wollten zum Bordrestaurant um noch etwas zu essen. Natürlich führte uns der Weg wieder an der Dame und der Rezeption vorbei. Wir grüßten freundlich doch man konnte förmlich das große Fragezeichen auf ihrem Gesicht sehen. Sie hat uns wirklich nicht erkannt! Wir hatten eine diebische Freude daran und nach einem ausgiebigen Abendessen und ein oder zwei Gläsern Rotwein, haben wir

51

wunderbar geschlafen und waren am nächsten Morgen bereit für Korsika. Die Stimmung war wieder gestiegen und wir verbrachten einen sehr schönen Urlaub auf der Insel der Schönheit.

-

Ja, Korsika! Da gibt es noch so einiges zu erzählen! Der Dirk, so nennen wir ihn hier, erzählte mir ebenfalls etwas von der Insel Korsika. Vor ein paar Jahren war er dort mit einigen Freunden unterwegs, natürlich mit Motorrädern.

Tierische Begegnung

Sie hatten alle Vier Enduros für diese Reise gewählt. Dabei waren zwei Yamaha XT 600, eine Honda und eben die Kawasaki KLR 600 von Dirk. Die Fahrt bis nach Genua zur Fähre war lang und anstrengend, fast tausend Kilometer! Mit diesen Maschinen und den nicht gerade bequemen Sitzbänken darauf, war das schon ein echtes Stück Arbeit. Doch die vier Freunde waren guter Laune und auf der Nachtfähre wurde die Anstrengung mit einigem Rotwein herunter gespült. Morgens, pünktlich um 7 Uhr, legte die Fähre in Bastia an. Natürlich waren die Vier weder ausgeruht noch ausgeschlafen, doch voller Vorfreude auf die Insel und mit viel Elan wollten sie erst mal an die Westseite Korsika's. Dort hatten sie sich den ersten Zeltplatz ausgesucht. Um nun von Bastia dahin zu kommen musste man direkt in die Berge und auf der anderen Seite wieder herunter. Eine Strecke von vielleicht achtzig Kilometern. Für unsere Vier ja wohl ein Klacks! Diese relativ kurze

Strecke hatte es aber in sich! Es ging zunächst mal rauf in die Berge und weiter bis zur Passhöhe. Eine richtig gute Einstimmung, denn die Straße hatte so gut wie keine Grade. Sehr bald stellte sich die Kawasaki als die Schnellste der vier Maschinen heraus und Dirk fuhr damit oftmals vorne. Doch besonders schnell fuhren sie hier eh nicht, höchstens mal siebzig oder achtzig. Meistenteils aber so um die fünfzig Stundenkilometer. Bei den sehr engen Kurven war einfach nicht mehr drin. Und dann kam etwas womit unsere Vier nicht gerechnet hatten! Auf Korsika gibt es nämlich keine Zäune, aber durchaus einiges an Weidetieren. Überhaupt lebten hier die meisten Tiere in Freiheit! Kühe, Schafe und Ziegen wurden nur zum melken in einen Stall geholt, blieben aber ansonsten sich selbst überlassen. Von der Machia konnten sie sehr gut leben.

Dirk war nach einer echten Jagerei mit den drei Anderen mal wieder vorne und sauste mit ziemlichem Tempo um eine Links kehre. Die ganze Sache war nicht ungefährlich, denn weit sehen konnte er nicht. Genau in diesem Augenblick als er so um die Ecke stach und wieder etwas weiter sah, traute er seinen Augen nicht. In ein paar Metern Entfernung kam ihm plötzlich eine wild gewordene Kuh entgegen! In vollem Galopp, mit einem Hund am Schwanz! Der hatte sich offenbar dort festgebissen und das arme Rindvieh versuchte nun durch Flucht sich seiner zu entledigen. Der Hund jedoch dachte gar nicht daran loszulassen und so ging die wilde Jagd weiter. Direkt auf Dirk und seine Maschine zu! Der bekam es zwar mit der Angst, doch was sollte er machen? Bremsen, ja bremsen war immer eine gute Idee in solchen Fällen. Ach ja, ausweichen konnte er auch nicht da der Rest der Kuhherde die Straße blockierte. Genau genommen blieb Ihm nur die Möglichkeit mitten im Weg der Kuh an zu halten. Und Richtig! Nur zwei oder drei Meter vor Dirks Maschine, überlegte sich das rasende Rindvieh in das Gebüsch nach rechts abzudrehen! Dem Dirk schlotterten aber erst mal die Knie! Natürlich standen die anderen Drei auch schon knapp hinter Dirk und zu allem Überfluss kam nun die ganze Herde in Bewegung. Langsam zuckelten die

Viecher an den vier Maschinen vorbei. Die Tiere waren zwar ganz friedlich, doch eine Kuh hatte den Tom, der links hinter Dirk stand, aufs Korn genommen oder besser gesagt sein Motorrad. Irgendwie hatte Sic ihre Liebe für die Yamaha entdeckt und blieb direkt vor ihm stehen. Das große Tier neigte das Haupt und fing an die Telegabel mit der riesigen Rinderzunge zu bearbeiten!

Ganz langsam kam dann der Kotflügel dran, während der Tom krampfhaft versuchte sich in der Senkrechten zu halten. Auch die Lampe und die Lenkerenden wurden dieser gründlichen Reinigung unterzogen! Tom konnte die korsische Rinderzunge gut durch die Handschuhe spüren und bereitete sich schon seelisch auf den Rest der Wäsche vor! Doch er hatte Pech, denn die anderen Tiere zogen weiter und der Herdentrieb sorgte dafür das diese Aktion zum Ende kam. Klar, das Gelächter wollte kein Ende nehmen, nur Dirk und Tom fanden die Sache nicht ganz so lustig und machten leicht verkniffene Gesichter. Doch etwas Gutes hatte auch diese Geschichte, denn das bremste die vier Freunde erst mal und sie kamen heil und wohlbehalten wieder nach Hause!

-

Ach ja, Urlaub! Man kann so viel erleben, in der kurzen Zeit. Wenn man dann noch mit dem eigenen Motorrad fährt, wird das Ganze noch intensiver und man hat so viel zu berichten! Doch auch bei einem anderen Thema gibt es viel zu erzählen, obwohl das Ganze ja auch irgendwie zusammen gehört.

Rolfs RD250

Pannen, Defekte und sonstiger Schrott! Ja, ich weiß! Das ist ein eher ungeliebtes Thema in unserer Zunft. Niemand gibt gern zu das seine, so heißgeliebte, Maschine irgendwelche Macken hat! Doch jeder ist irgendwie und irgendwann davon betroffen. Trotzdem, oder gerade deswegen, gibt es ausgerechnet hier die tollsten Geschichten! In den fast vier Jahrzehnten die ich nun fahre, sind Motorräder immer zuverlässiger geworden. Das heißt aber nicht das Heutzutage überhaupt keine Pannen mehr vorkommen, denn das wird sich wohl nie völlig vermeiden lassen. Heute gibt es aber andere Möglichkeiten der Hilfe, allein durch das Handy hat sich da einiges verändert. Hinzu kommt noch das der ADAC und einige Versicherungen für wenig Geld einen Schutzbrief anbieten, der uns praktisch rundum absichert. Das ist eine feine Sache, denn der Brief besagt das mein Fahrzeug überall in Europa im Notfall zur nächsten Werkstatt gebracht wird! Selbst Übernachtungen im Hotel sind hier oft mit inbegriffen. All das gab es aber in den 80er und 90er Jahren nicht! Wir waren einfach auf uns selbst angewiesen. Es war die große Zeit des Selber - Machen´s, ob man nun wollte oder nicht! Natürlich gab es auch Werkstätten, vielleicht sogar mehr als heute, doch da schraubten zum Teil einfache Laien ohne echte Ausbildung! Ja es war wirklich so, da wurde ein Meister auf dem Papier eingestellt und die Arbeit wurde von irgend wem erledigt. Das da nun viel Schrott bei heraus kam. kann man sich wohl denken und auch das die Unzufriedenheit unter uns Kunden wuchs. Doch was sollten wir schon dagegen machen? Natürlich konnte man die Werkstatt wechseln, aber oft war die Nächste dann nicht besser. Also war ganz klar das man selbst Hand anlegte. Leider ist jedoch nicht jeder Mensch auf dieser Welt zum Schrauber geboren und so passierten auch schon mal Dinge die dann nicht mehr lustig waren. Ja, der zweite so genannte Motorradboom war in vollem Gange, mit allen Vor- und Nachteilen die so etwas mit sich bringt! Die geburtenstarken Jahrgänge, zwischen 1960 und 1965, drängten auf den Motorradmarkt. Die Verkaufszahlen stiegen ständig und die Zahl der Motorradfahrer ebenso. Doch wir jungen Leute hatten wenig Geld. Im Winter reichte es für ein altes Auto und im Sommer gerade noch für ein Motorrad! Beides auf einmal ging gar nicht, denn die Versicherungsprämien waren unverschämt hoch! Wer da nicht übermäßig viel verdiente, konnte sich eben nicht beides leisten. Also fuhren wir von März bis November ausschließlich Motorrad. Das Ganze hatte aber den gewaltigen Haken das man voll und ganz auf das Motorrad angewiesen war. Lief es also einmal nicht, aus welchem Grund auch immer, musste man zusehen wie man klar kam! Gleichzeitig schraubten wir aber, wegen der Werkstatt-Misere und auch wegen des Geldes, selbst an unseren Maschinen. Hier trennte sich dann oft die Spreu vom Weizen und man merkte bald ob sich jemand zu helfen wusste oder nicht. Auch deshalb sind tatsächlich viele Leute wieder zu reinen Autofahrern geworden. Genau zu dieser Zeit, also um 1980 ungefähr, spielte sich auch diese Geschichte ab. Und die begann so.

Rolf hatte gerade seine RD 250 gekauft und fuhr damit,unter anderem, auch zur Berufsschule. Ich hatte noch keinen Führerschein und musste daher noch mit dem Mokick fahren. Zusammen ging das natürlich nicht denn selbst mit den 60 Kmh die das Mokick lief, wäre das für Rolf eine Geduldsprobe geworden. Die RD schaffte immerhin ihre 150 Kmh, wenn Rolf sich ganz klein machte. Ach ja, Rolf war übrigens mein Lehrlingskollege und im gleichen Lehrjahr wie ich. Schon mit dem Mofa waren wir zusammen nach Beckum zur Berufsschule gefahren, doch nun hatte er ja diese Maschine und dadurch ging das eben nicht mehr. Wir hatten uns aber schnell darauf geeinigt das ich zur Schule bei ihm mitfahren durfte. Super Sache! Ging viel schneller und machte riesig Spaß! Wenn die Straße trocken war und Rolf richtig Gas gab, brauchten wir nur 20 Minuten von meiner Haustür bis zur Schule! Vorher mit dem Mokick hatte es fast doppelt so lange gedauert. Ab und zu gab ich auch mal Spritgeld, denn die 250er hatte ganz schön Durst! Eigentlich bestand mein Beitrag aber darin das ich bei

Reparaturen mithelfen sollte. Und es dauerte auch gar nicht lange bis es zur Ausführung kam. Klar, die kleine Yamaha wurde auch ganz schön gefordert und war schon einige Jahre alt! Da gab es nach kurzer Zeit schon eine Menge zu Schrauben. Der Luftfilter war zu reinigen, ebenso die Zündkerzen, die Kupplungslamellen mussten erneuert werden, der Auspuff gesäubert und noch ein Reifen ersetzt werden. Also nahmen wir uns einen Nachmittag Zeit und legten los. Das Hinterrad musste wegen dem Reifen zum Reifenhändler, deshalb bauten wir es zuerst aus und Rolf fuhr mit seinem Fahrrad und dem Rad auf dem Gepäckträger dorthin. Währenddessen machte ich schon mal mit den anderen Sachen weiter.

Zuerst schraubte ich die Zündkerzen heraus, bürstete sie mit einer Drahtbürste sauber und bog den Kontaktabstand wieder hin. Danach konnten sie wieder rein und das Luftfilter war an der Reihe. Hier kam man etwas schlechter dran und ich musste erst mal ein paar Kabel an ihren Steckern trennen die im Weg waren. Nun zog ich das Filter heraus und musste feststellen das wohl schon länger niemand hier hereingeschaut hatte. Das Filter war extrem schmutzig und ihn zu säubern dauerte recht lange. Zum Schluss besprühte ich ihn noch mit Kriechöl und konnte ihn wieder einbauen. Damit war mein Teil erst mal getan. Bald darauf kam Rolf mit dem neuen Reifen angeradelt und wir konnten das Hinterrad wieder einbauen.

Da stand sie nun erst mal wieder und Rolf wollte unbedingt eine Proberunde damit drehen, wegen dem schönen, neuen Reifen. Ich fragte ihn ob wir nicht zuerst auch noch die Kupplungslamellen wechseln sollten aber er meinte nur: *„Och, das können wir doch auch später machen. Jetzt drehen wir erst mal `ne Runde!"*

Also zogen wir uns die Klamotten an und Rolf trat auf den Kickstarter der RD. Doch was war das? Nichts tat sich! Die Kiste wollte einfach nicht anspringen. Rolf trat immer wieder ins leere! Eigentlich war das nie ein Problem gewesen, bislang war die Yamaha immer bestens angesprungen! Selbst Kälte und

Feuchtigkeit hatten sie nie gestört! Der Startvorgang war dabei immer derselbe:

1. Benzinhahn öffnen
2. Choke am Vergaser drückcn
3. Zündung einschalten
4. Kickstarter treten

Fast immer war sie auf den ersten Tritt da!

Jetzt aber gab sie keinen Muckser von sich und Rolf fluchte wie ein Besenbinder, dabei trat er immer und immer wieder auf den Kicker! Plötzlich gab es einen infernalischen Knall!

Wie zwei Geschosse sausten die zwei Schalldämpfer Einsätze aus ihren Rohren! Wir fielen fast vor Schreck um und Rolf hätte beinahe die Maschine fallen lassen!

„Man, was war das denn!?" war sein Kommentar.

Von dem Schreck mussten wir uns erst mal erholen. Dann fing Rolf an zu schimpfen das ich wohl zu blöd sei die Zündkerzen zu reinigen, dabei hätte ich ja wohl die Kerzenstecker vertauscht! Klar! Das musste der Fehler sein! Bei dem Motor der RD war der Zündzeitpunkt um 180 Grad versetzt, dadurch zündete ein Zylinder kurz vor dem oberen Totpunkt, während sich der Andere noch im UT befand. Vertauschte man aber die Kerzenstecker, kam die Zündung im unteren Totpunkt und bewirkte zunächst nichts. Wenn man dann aber lange genug startete, sammelte sich irgendwann zündfähiges Gemisch im Auspuff und das knallte dann gewaltig! Doch ich war mir keiner Schuld bewusst, denn darauf hatte ich extra geachtet. Beim Nachschauen stellte sich auch heraus das es daran nicht lag. Nach einigem Überlegen, suchen und nachschauen fiel mir ein das ich doch einige Kabel trennen musste um an das Luftfilter zu kommen. Natürlich hatte ich sie wieder ordentlich zusammen gesteckt, doch diese kodierten Stecker passten auch jeweils in die andere Dose! Ja und das waren ausgerechnet die Zuleitungen zu den Zündspulen, da hatten wir den Fehler! Rolf war noch sauer auf mich, aber wenigstens die Maschine lief wieder. Zur Strafe sollte ich nun die Schalldämpfereinsätze wieder befestigen, denn da waren durch den gewaltigen Druck die Befestigungsschrauben abgerissen. Eine elende Fummelei in dem Auspuffdreck, doch wieder erwarten klappte das recht gut! Währenddessen machte Rolf sich an der Kupplung zu schaffen. Die Lamellen waren verschlissen und mussten getauscht werden. Eigentlich keine große Sache denn man konnte von der rechten Motorseite den Deckel abnehmen und darunter befand sich die Kupplung. Hier musste man nun sechs Schrauben von der Druckplatte lösen und schon konnten die gesamten Lamellen und Reibscheiben, samt Druckfedern entnommen werden. Der Rolf machte das auch sehr sauber und ordentlich, denn darauf kam es hier an. Es durfte auf keinen Fall irgendwelcher Dreck in das Motorgehäuse fallen! Doch kurz bevor er fertig war nahm das Unglück seinen Lauf! Es war eine ziemliche Fummelei die Kupplung wieder zusammen zu setzen, doch das bekam er gut hin. Nur die letzte kleine Schraube für die Kupplungsdruckplatte wollte offensichtlich nicht mehr. Rolf setzte den Schlüssel an, zog ein wenig zu viel, und schon war es passiert! Es machte `knack´ und die Schraube war entzwei!

„ Ach du Schei...! So ein Mist!" mehr konnte er nicht mehr sagen. Ich aber musste mir das Lachen verkneifen denn kurz vorher hatte er ja noch so unfehlbar getan und mich als zu dumm hingestellt. Natürlich hatte er niemals zugegeben das es sein Fehler war, doch ich wusste es ganz genau! Yamaha schrieb für diese Schrauben ein genaues Anzugmoment vor und das hätten wir nur mit einem Drehmomentschlüssel erreicht, doch wir waren der Meinung es auch ohne zu können! Aus Erfahrung kann man eben nur lernen. Nach einigen vergeblichen Versuchen den Gewindestummel aus dem Alukorb zu bekommen, ließen wir die ganze Geschichte so wie sie war und bauten alles wieder zusammen. Glücklicherweise hatte Yamaha genug Sicherheit eingeplant so das die Sache trotzdem lief, wenn auch mit einem schlechten Gewissen.

Ja so war das in den 80er Jahren, wir bastelten fröhlich vor uns hin, und lernten immer mehr dazu. Es war aber auch eine aufregende Zeit denn die Japaner dominierten den Motorradmarkt und die Modelle wechselten sehr schnell. Da wurde praktisch alles geboten was man sich nur denken konnte, vom kleinen Einzylinder-Zweitakter bis zur Sechszylinder-Viertakt-Superrakete, war alles zu bekommen. Ob nun die Zylinder in Reihe, in V-Form oder als Boxer, stand zur freien Auswahl. Ja und dann waren da noch die ganzen technischen Neuerungen, wie die Einarm-Schwinge, die Gussfelgen, die Schlauchlos-Reifen, die Elektronik-Zündung und so vieles mehr! Natürlich war das nicht alles neu erfunden, vieles davon kam schon in den 20er oder 30er Jahren auf die Straßen, aber die Technik und die Menschen waren wohl noch nicht so weit. Doch wir waren offen für solche Dinge und eine Menge floss in die Serie ein Und das Beste war man konnte diese Maschinen ganz normal kaufen! Einige Firmen machten sogar Versuche mit dem Wankelmotor, doch bis auf wenige Exoten ist dieses Konzept nicht zur Serienreife gekommen.

Leider hatte man dabei die Fahrwerke etwas vernachlässigt, denn mit den rasant gestiegenen Motorleistungen kamen sie auf keinen Fall mit. Das hatte dann zur Folge das man zwar vielleicht ein Motorrad mit 80, 90 oder noch mehr Ps hatte, doch die fahrbaren Geschwindigkeiten blieben bei weitem unter den Erwartungen.Hier kamen nun die so genannten `Tuner´ auf den Plan. Da wurde an den Serienmaschinen geschraubt und verbessert was eben ging, das fing bei neuen Stoßdämpfern an und endete manchmal erst bei einem ganz neuen Rahmen mit allem was dazu gehört, doch so etwas kostete immer eine Menge Geld. Also machten wir wieder selbst! Natürlich, wir waren ja Maschinenschlosser und somit, halbwegs zumindest, vom Fach. Auf jeden Fall kannten wir uns mit Metall, und dessen Bearbeitung, recht gut aus. Das Wissen über Motoren- und Antriebstechnik eigneten wir uns durch Erfahrung und Nachlesen an. Meine Güte! Wenn ich das hier so schreibe hört es sich unheimlich professionell an, doch in Wirklichkeit war es *alles Andere als das! So Manches mal stümperten wir mehr kaputt als heile! Wir hatten kein sehr gutes Werkzeug und auch nicht zu allem eine Anleitung. Eine richtige Werkstatt hatten wir nicht und von einer Hebebühne konnten wir nur träumen, doch trotz allem liefen unsere ersten Motorräder fast immer. Nun soll aber bitteschön niemand annehmen das diese Maschinen so toll und zuverlässig waren! Nein, oft hielten die Motoren gerade mal 20 oder 30 Tausend Kilometer und auch dazwischen sorgte eine nicht perfekte Mechanik und eine ebensolche Elektrik für manchen Ärger. Auch spielte es kaum eine Rolle ob es nun ein kleiner Zwei- oder Viertakter war! Das lag einfach an der Belastung, denn wir forderten die paar PS dieser Maschinen jeden Tag. So mussten wir also immer und immer wieder Schrauben damit die Sache lief. So kam es auch zu der nächsten Geschichte.*

Die edle Moto Guzzi

Irgendwann hatte der Mike, mein bester Freund seit der Schulzeit, dann eine Moto Guzzi Le Mans II gekauft und war so richtig stolz darauf. Die Maschine war damals ein echtes ʹSuperbikeʹ und lief locker über 200 Kmh! Das war natürlich ein Wort! Das die Maschine schon ein paar Jahre und Kilometer auf dem Buckel hatte, nun davon sprach man nicht. Auch nicht von der schlechten Verarbeitung oder dem schäbigen Aussehen der Gußteile am Motor, nein, zunächst galt nur die Leistung und die war gewaltig. Immerhin 76 Ps aus 850 ccm Hubraum! Da konnten wir mit unseren 17 oder 27 Ps nicht mithalten. Trotzdem fuhren wir auch noch zusammen, wenn auch nicht mehr so oft. Immer seltener wollten Mike und seine Frau mit uns fahren und wir dachten schon: *„Ja klar, die wollen unbedingt schneller fahren und bilden sich was darauf ein!"* Offen angesprochen haben wir das allerdings nicht,

61

denn für uns schien die Sache auch so völlig klar! Das die Beiden einfach nur seltener fuhren ist zunächst niemandem aufgefallen. Eines Tages fiel mir aber eine Delle im Tank der Guzzi auf, denn sie prangte fast mittig auf der Oberseite und war kaum zu übersehen. Auf meine Frage wie das denn passiert wäre meinte Mike nur ziemlich abweisend:

„Ach da ist mir etwas drauf gefallen. " mehr wollte er nicht sagen.

„Na ja, dann eben nicht!" dachte ich mir.

Das freundschaftliche Verhältnis zwischen uns kühlte merklich ab, ja wir trafen uns immer seltener und Mike wurde immer verschlossener. Das war wirklich schade denn wir kannten uns doch schon seit der siebten Klasse und uns verband nicht nur das Motorradfahren! Doch dann rief er mich eines Tages an und fragte:

„ Du sollen wir nicht mal wieder irgendwo ein Bier trinken? "

Genau das haben wir dann auch gemacht und dabei hat er mir dann erzählt welche Probleme ihn und seine Frau beschäftigten. Nein, es waren keine Eheprobleme! Das eigentliche und einzige Problem war tatsächlich die ach so tolle Guzzi! Ja, es war kaum zu glauben doch die Maschine hatte für einigen Unfrieden gesorgt. Es fing damit an das nach dem Kauf der Selben, alles Ersparte weg war. Leider waren aber so einige Reparaturen fällig, die ja bekanntermaßen immer Geld kosten. Die Folge war das die Guzzi zeitweise stillstand. Zu diesem Übel kam dann noch die Sache mit der Elektrik hinzu. So gut die Moto Guzzi's auch mechanisch waren, so stiefmütterlich waren sie bei der Verarbeitung der Elektrik! Wenn die Maschinen älter wurden gab es hier immer Probleme. Neu funktionierte die Sache meistens, doch wehe wenn man häufig durch Regen fuhr! Selbst das mochten sie nicht. Und die Maschine von Mike machte da keine Ausnahme! Es gab, laut seiner Aussage, völlig unmotivierte Zündaussetzer, auch mal ein Nachdieseln und manchmal wollte sie einfach gar nicht erst anspringen. Das hört sich, wenn ich es hier erzähle, gar nicht so dramatisch an, doch wenn man auf ein Fahrzeug angewiesen ist wird die Sache sehr schnell ernst. Hinzu kam noch das die Beiden zwar sehr schön wohnten, jedoch ziemlich weit Außerhalb, so dass sie wirklich ein Fahrzeug brauchten! Als Mike nun mehrere Male zu spät zur Arbeit gekommen war und deswegen schon einigen Ärger bekommen hatte, saß er eines Morgens wieder auf der Maschine und wollte damit los. Am Tage zuvor hatte er lange gebastelt und war der Meinung das er nun alle Steckverbindungen, Sicherungen, Schalter und sonstigen Bauteile gesäubert und in Ordnung gebracht hätte. Also musste die Guzzi ja nun laufen! Voller Zuversicht wollte er starten, drückte auf den Anlasserknopf und...nichts!!! Reineweg gar nichts!

„ So eine Schei...!" rief er und schlug vor Wut mit der Faust auf den Tank! Sofort sah er die Bescherung! Jetzt hatte der Tank auch noch eine Delle! Am liebsten hätte er die Maschine in die Ecke geworfen und sich selbst gleich hinterher!

„ So ein verdammter Mist! Das darf doch wohl nicht wahr sein!"
Nun kam er wieder zu spät, das Motorrad lief nicht und er musste auch noch seiner Frau die Delle erklären. Ach herjeh! In so einer Situation gibt es dann nur noch zwei Möglichkeiten: Entweder man geht die Sache von Grund auf nochmal an, oder man gibt auf! Letzteres sind dann die Maschinen die man für wenig Geld im Anzeigenblättchen sehen kann, doch das kam für Mike nicht in Frage, nein, er war schon immer ein Kämpfertyp und musste nun dadurch. Ja, am Abend hatten sie Familienrat gehalten und sich entschlossen die Guzzi nochmal zu reparieren. Diesmal aber richtig! Das bedeutete zwar wieder eine Menge Arbeit und Geld, doch es musste einfach sein! Eine Sache ließ Mike dann aber doch so wie sie war, und zwar die Delle im Tank. Das sollte so eine Art Mahnmal bleiben, ja so etwas wie ein Mahnmal für die Vernunft!
Als er mir die ganze Geschichte erzählte, waren sie gerade damit angefangen die Guzzi zu reparieren. Das Ganze war ihm so peinlich weil die Beiden einfach nicht genug Geld auf der hohen Kante hatten, doch mit viel Eigenleistung ging es dann doch irgendwie.

-

Das sich der Mike damals geärgert hat konnte ich natürlich verstehen, schließlich war ich ja auch Motorradfahrer. Einige Jahre später sollte ich aber meine eigenen Erfahrungen mit den Maschinen von Moto Guzzi machen. Leider waren die auch nicht wirklich besser!

Meine eigene Guzzi

Im Frühjahr 1990, kaufte ich mir dann eine nagelneue Moto Guzzi und die sollte nun um einiges besser sein. Natürlich, sie war ja auch noch völlig neu! Doch ihr könnt mir glauben wenn ich euch sage das dieser Zustand nicht ewig hielt! Nach einigen Schwierigkeiten in der Anfangszeit, da waren zum Beispiel die Züge nicht ordentlich verlegt, zwei Rostflecken am Rahmen und der falsch aufgezogene Vorderradreifen, lief sie erst mal ganz gut.

Doch dann, nach einigen Jahren und etlichen gemeinsamen Kilometern, bekam sie plötzlich eine komische Laune. Ja ich sage hier ganz bewusst `Laune´ denn dieser Fehler tauchte zunächst nur selten und ganz sporadisch auf. Und zwar war das so: Ich fuhr mal wieder eine schöne flotte Runde und hatte es auf dem Rückweg etwas eilig denn ich wollte pünktlich zu Hause sein. Also fuhr ich ein Stück über die Autobahn und gab richtig Gas. Normalerweise war das kein Problem denn der Motor war so kräftig das es auch ohne Verkleidung für knappe 200 Kmh reichte. Doch an diesem Tag hatte ich kaum auf 130 Kmh beschleunigt, da wurde sie plötzlich langsamer. Irgendwie hatte ich den Eindruck das sie gegen Gummiseile fuhr! Na nu, was war denn das? Ich nahm etwas Gas weg und ließ die Maschine einfach rollen. Nach einigen Sekunden probierte ich es nochmal und siehe da, sie lief wieder wie gewohnt und beschleunigte auch richtig. Komisch. Nun ja,

etwas launisch war meine `Signorina´ schon immer und so nahm ich das noch nicht so ernst. Wir waren halt schon einiges gewöhnt. Natürlich habe ich dann, im lauf der Zeit, mal die Vergaser gereinigt und auch die elektrische Verkabelung überprüft doch diese Laune hatte sie immer wieder mal. Monate später war dann der Augenblick gekommen wo diese Macke immer häufiger auftrat und ich sie nicht mehr ignorieren konnte. Ganz im Gegenteil! Die Sache hatte mich zum Schluß richtig Nerven gekostet! Dann hatte ich von einem angeblich guten Schrauber in Münster erfahren und gleich mit ihm einen Termin ausgemacht.Ein paar Tage später fuhr ich also nach Münster. An Ort und Stelle schilderte ich ihm die Probleme, da ich aber auch keine rechte Vorstellung von dem eigentlichen Fehler hatte haben wir eine Höchstgrenze der Reparatursumme festgesetzt. Zum Glück! Am nächsten Tag rief mich der Werkstattmensch an und meinte ich könnte die Maschine wieder abholen, denn sie würde wieder wunderbar laufen. Er hätte auch einen kleinen Fehler gefunden und behoben. Eine Steckverbindung zur Zündspule war wohl defekt. Leider hätte die Suche etwas länger gedauert und somit wäre auch die Höchstgrenze von 200.-Dm erreicht. *„Na ja"* dachte ich *„ wenn die Sache damit erledigt ist, war es mir schon so viel wert."* So organisierte ich einen Fahrer und ließ mich zum zweiten mal nach Münster bringen. Gespannt und voller Vorfreude saß ich bei Mike im Seitenwagen. Als wir dort waren schaute ich mir das Ergebnis an und war ziemlich enttäuscht. Einen einzigen Quetschverbinder hatte der Mensch erneuert! Aber er meinte das jetzt alles wieder gut wäre. Also zahlte ich die vereinbarten 200.- Dm und freute mich schon auf den Rückweg. Mike und ich fuhren noch einen kleinen Umweg um die Guzzi mal so richtig zu testen! Schließlich trat der Fehler ja nur beim Beschleunigen so ab 130 Kmh auf. Kaum hatten wir also ein freies Stück Bundesstraße erreicht, drehte ich mal so richtig am Hahn. Und siehe da!?
„Verdammte Schei...!!!"
Der gleiche Mist wie vorher! Das konnte doch wohl nicht wahr

sein! Nun hatte ich aber die Schnauze voll, fuhr aber erst mal nach Hause, denn der Händler hatte in der Zwischenzeit natürlich längst Feierabend. Kaum in der heimischen Garage angekommen riss ich, noch voller Wut, die Schwimmerkammerdeckel von den Vergasern um sie zum x-ten mal zu reinigen. Klar, das hatte ich schon einige male gemacht und auch die Düsen gereinigt und Kanäle durch gepustet, doch irgendwo musste ja schließlich der Fehler sein!

Und was sah ich da? Na nu? Bewegte man den Schwimmer nach oben und ließ ihn wieder fallen blieb, nicht jedes mal doch ab und zu, die Schwimmernadel kleben! Das konnte doch wohl nicht wahr sein. War das etwa der ganze Fehler? Na klar! Das war die Erklärung! Bei einem Tempo von mehr als 130 Kmh brauchte die Maschine eine ganze Menge Sprit und wenn dann das Schwimmernadelventil hakelt reicht es einfach nicht! Ich organisierte also zwei neue Ventile, für knapp 18 Dm, und tauschte sie aus. Dann hab ich schnell alles zusammen geschraubt und bin sofort auf die Autobahn gefahren um Gewissheit zu haben. Und siehe da!? Es funktionierte!

Auf den ach so tollen Guzzi-Schrauber aber war ich immer noch sauer und habe ihm am Telefon erst mal meine Meinung gesagt, die 200.- Mark allerdings wollte er mir nicht wieder geben! Da hätte wohl nur ein Anwalt geholfen. Doch die Hauptsache war ja auch das meine Guzzi wieder lief. Darüber freute ich mich richtig!

-

Die Motorräder der 80er waren, wie schon erwähnt, bei weitem noch nicht so perfekt wie Heute und deshalb mussten längere Reisen immer gut vorbereitet werden. Auch packten wir immer einiges an Werkzeug ein. Ach ja, und Ersatzteile natürlich! Hier war man aber immer im Konflikt mit dem Gewicht und der Größe. Schließlich konnte man keinen ganzen Motor oder so mitnehmen!

Dabei waren ein paar Ersatzzündkerzen, Zündkerzenstecker, Kabel und Sicherungen, dazu kamen noch Schrauben, Muttern und Federringe. Auch Bowdenzüge mit den verschiedenen Nippeln, Kabelbinder und natürlich Isolierband, alles musste mit. Auch Heute noch nehme ich diese Sachen mit, wenn wir mit dem Motorrad verreisen. Diese Angewohnheit hat mir schon oft weiter geholfen.

-

Ein Stück Draht!

Einmal aber, da half dass Alles nicht, es fehlte mir einfach nur ein Stückchen Draht! Natürlich hatte ich ausgerechnet den nicht dabei! Und das kam so. Die Mille GT hatte ich gerade zum Gespann umgebaut und damit wollten wir nun auch verreisen. Klar, denn dafür bot sie sich ja an. Mein Schatz hatte den Wunsch geäußert doch mal in den Schwarzwald zu fahren. In ihrer Kindheit war sie, mit den Großeltern ein paarmal dort in den Ferien. Damals, als Gäste auf einem Bauernhof, hatte sie natürlich alle Freiheiten genossen und auch einige sehr schöne Erinnerungen daran bewahrt. Das war Grund genug noch einmal dorthin zu fahren und in der Nähe dieses Bauernhofes eine Ferienwohnung zu nehmen. Auf diesen Hof selber wollte sie dann doch nicht mehr, denn der war wohl schon damals etwas herunter gekommen. Da bot so eine schöne Wohnung doch schon einiges mehr. Wir hatten also die Maschine bepackt und konnten endlich starten. Die Sonne schien von einem azurblauen Himmel und die Temperaturen konnten nicht besser sein. Es war noch recht früh am Morgen und so hatten wir jede Menge Zeit für unsere Fahrstrecke, doch eine Unterkunft gebucht hatte ich noch nicht. Im Laufe der Jahre hatten wir uns das so angewöhnt. Wir konnten uns vor Ort die Wohnungen anschauen und bei Bedarf auch etwas anderes nehmen. Da wir noch vor den großen Ferien unterwegs waren, war die Auswahl an Feriendomizilen sehr groß. Ganz entspannt und ohne Zeitdruck rollten wir also über die Autobahn. Leider habe ich auch eine weniger schöne Angewohnheit und die besteht darin das mich Autobahnfahren mit dem Motorrad immer sehr ermüdet und das schon nach 200 Kilometern oder so! Mir fallen dann wirklich die Augen zu vor Müdigkeit! Na ja, meisst reicht dann aber eine Pause mit ein bisschen Bewegung um meine Lebensgeister wieder zu wecken. Natürlich kam auch diesmal dieser Augenblick, wie konnte es anders sein, und ausgerechnet jetzt wollte die Müdigkeit nicht sofort wieder verschwinden. Doch da kam Manuela auf die tolle Idee das sie ja auch fahren, und das ich es mir derweil im Beiwagen bequem machen könnte. Stimmt! Wir hatten ja vor einiger Zeit mal ein paar Fahrversuche gemacht. Also wechselten wir die Plätze und fuhren weiter. Klar, zu Anfang beobachtete ich meinen Schatz etwas mißtrauisch beim fahren, doch Sie machte das ganz professionell! So dauerte es auch nicht lange und mir fielen die Augen zu. Im Beiwagen der Guzzi sitzt man wirklich sehr bequem. Doch eine halbe Stunde später wachte ich wieder auf denn irgendetwas hatte sich verändert, doch ich wusste zunächst nicht was. Ich schaute aus dem Seitenwagen auf die Maschine und beobachtete meine Frau bei der Arbeit, dann schweifte mein Blick über den Motor und das Getriebe auf den Kardan. Und plötzlich sah ich die Veränderung! Ach Her jeh!

Die schönen, glänzenden, lauten Lafranconi-Competitione-Super-Duper-Auspufftüten baumelten, nur noch am Krümmer hängend, in der Gegend herum! Die beiden Halterungen an der Fußrastenanlage waren glatt abgerissen! Sofort gab ich Manuela zu verstehen das sie am nächsten Rastplatz anhalten soll, denn das konnte nicht mehr lange gutgehen. Wahrscheinlich wären zwei Bodenwellen ausreichend gewesen um die Krümmer am Zylinder einreißen zu lassen, dann hätte die gesamte Auspuffanlage auf der Straße

gelegen! Doch wir rollten auf den nächsten Parkplatz und hatten nochmal Glück gehabt. Allerdings war das Problem ja noch nicht beseitigt denn diese Halterung bestand zwar nur aus zwei Blechen in Dreieckform, doch so etwas hatte ich natürlich nicht als Ersatzteil dabei. Nun musste ich also improvisieren. Zuerst rückte ich dem Problem mal mit langen Kabelbindern zu Leibe. Das hielt zwar ganz gut doch spätestens wenn der Auspuff richtig warm würde war es wieder vorbei. So ging es also nicht. Aber was nun? Diese ganze Bastelei beobachtete ein älterer Herr aus einiger Entfernung. Nach einiger Zeit kam er angeschlendert und schaute sich unser Problem aus der Nähe an. Ziemlich schnell hatte er erkannt was kaputt war und meinte zu mir: *„Na, da kannst du doch ein paar mal Draht umwickeln und dann geht das wieder!"*
„Ja erst mal Draht haben, hier auf dem Autobahnparkplatz!" antwortete ich etwas patzig. Solche Zeitgenossen hatte ich besonders gerne. Woher sollte ich jetzt wohl eine Rolle Draht kriegen!? Auf solche Ratschläge konnte ich auch verzichten! Der alte Herr drehte sich um und ging wieder. Es dauerte aber nicht lange da kam er mit einem Grinsen im Gesicht wieder und meinte: *„Das hat schon mein Vater immer gesagt; Junge, wenn du unterwegs bist nimm immer eine Rolle Draht mit, man kann ja nie wissen!"* Na ja, etwas beschämt nahm ich dankbar den Draht und wickelte ihn so um Auspuff und Halterung das die Sache wieder hielt. Der Urlaub in den Bergen des Schwarzwaldes war dann noch richtig schön und im Urlaubsort gab es eine kleine Schlosserei die mir zwei sehr massive Halterungen gemacht hat. Auch habe ich seit dem immer eine Rolle Draht im Seitenwagen denn;
-man kann ja nie wissen!-

-

Ja technische Pannen und irgendwelche Kleinigkeiten die den Geist aufgeben gab und gibt es immer wieder. Aber auch menschliche Unzulänglichkeiten kommen immer wieder vor und einige davon sorgen gewaltig für Unterhaltung! So wie mir ein Paar in Italien auf einem Zeltplatz berichtete!

Abgeschossen!

Es war in Mandello de Lario am Comer See, und da hier die Heimat von Moto Guzzi ist, trafen sich auf dem einzigen Zeltplatz im Ort immer wieder die Motorradfahrer. Entweder hatte man sein Zelt hier stehen oder man saß einfach an der Strandbar und trank einen Cappucino oder so. Ich war mit meinem Zelt hier und genoss das schöne warme Wetter. In Deutschland war ich bei ziemlichem Sauwetter losgefahren. Auch auf den Alpenpässen lag zum Teil noch Schnee. Um so mehr konnte man hier den Spätfrühling und den Ausblick auf den See genießen! Plötzlich hörte ich aber einen mir bekannten Ton, das war eindeutig eine Mille GT! Selbst hier sah man die Maschine nicht sehr oft und so ging ich los um mal zu schauen wer da kam. Es war offensichtlich ein Paar aus Deutschland und erstaunlicher Weise fuhr Sie die Moto Guzzi. Er hatte eine große Honda Varadero und war ziemlich hoch bepackt, im Gegensatz zu ihr. Sie hatte fast gar kein Gepäck mehr. Die Beiden wollten auch Zelten und meldeten sich erst mal an, derweil konnte ich mir schon mal die Maschinen anschauen. Doch was musste ich da sehen! Die schöne, rote Mille GT hatte ein paar hässliche Kratzer auf der linken Seite! Der Sturzbügel hatte zwar das meiste abgefangen, doch einige Kampfspuren hatte sie schon abbekommen. Das Ganze sah auch noch sehr frisch aus.

Als die Beiden dann mit der Anmeldung fertig waren wurden sie natürlich von den anderen Motorradfahrern begrüßt und es stellte sich heraus das Klaus und Jutta, so hießen die Beiden, aus dem Saarland kamen. Sie wollten auch nur zwei oder drei Tage bleiben und dann weiter Richtung Süden. Für die Guzzi brauchten sie aber ein paar Ersatzteile und deshalb machten sie hier Station.

Die Beiden waren mir sehr sympathisch und dadurch kamen wir ins Gespräch. Jutta's Guzzi hatte schon über neunzigtausend Kilometer gelaufen, fast doppelt so viel wie meine, und so hoffte ich auf einige wertvolle Tip's von ihr. Wirklich viel konnte sie mir aber nicht berichten denn zum einen hatte sie einen Schrauber dafür und zum anderen waren kaum Pannen aufgetreten. Als ich aber nach dem Unfallschaden fragte wurde sie plötzlich sehr einsilbig und Klaus meinte nur:

„Na ja, das war `ne ganz blöde Sache. "

Mehr wollte er erst mal nicht erzählen! Später nach dem Essen und einigen Gläsern Wein kamen die Beiden mit der Sprache raus. Die ganze Sache hatte sich direkt in Mandello abgespielt.

Am Nachmittag waren die Beiden dort angekommen und hatten wie die meissten Anderen erstmal die Fabrik gesucht. Nun ist Mandello zwar klein, doch wie in allen norditalienischen Kleinstädten ist hier verkehrstechnisch der Bär los! Umgehungsstraßen sucht man hier vergeblich und so wuselt vom Roller bis zum 40t-Lastwagen alles durch die Innenstadt. Ausgerechnet in diesem Caos suchten Klaus und Jutta nun die Firma Moto Guzzi. Sie bogen hier ab und hielten dort an, suchten und suchten und alles bei fast dreißig Grad! Ach ja, und natürlich mit Gepäck beladen. So kam dann auch was kommen musste! Beim dritten Orientierungsstopp, Jutta fuhr gerade vorne, bekam Klaus gar nicht mit das sein Mädchen vorne anhielt. Da die Beiden aber in haargenau einer Linie hintereinander fuhren, krachte er ihr heftig hinten drauf! Genau mit seinem Vorderreifen auf ihr Hinterrad! Und nun passierte folgendes: wie ein heftig abprallender Flummi wurde die Mille GT samt Jutta abgeschossen! Die gesamte

Bewegungsenergie von Klaus und seiner Maschine ging schlagartig in die Guzzi über! Wie eine Kanonenkugel, doch ohne jede Kontrolle, wurde Jutta mitsamt der Guzzi nach vorn katapultiert und flog erst einige Meter später auf den Asphalt! Zu Ihrem Glück war dabei nicht viel passiert nur die Maschine hatte einiges abgekriegt. Sofort hatte Klaus seine Maschine abgestellt und eilte seiner Freundin zu Hilfe doch ein ganz kleines Grinsen konnte er sich dabei wohl nicht verkneifen. Das hatte dann natürlich bei ihr endgültig für schlechte Laune gesorgt!

Später, viel später, beim Wein konnten Sie schon beide wieder über diese tolle Geschichte Lachen!

-

Tja, so lange niemand zu Schaden kommt gibt es auch immer wieder Grund zu lachen. Unsere Knautschzone fängt aber nun mal an der eigenen Nasenspitze an! Das musste auch der Achim mit seiner wirklich schnellen Laverda feststellen.

Schnelle Laverda

Eines Tages war er wieder damit unterwegs. Die üblichen Strecken im Kreis Warendorf kannte er gut und ließ den Gashahn vor den Kurven lange offen. Das bedingte natürlich ein sehr scharfes Anbremsen, so kurz vorher. Wenn er mit der normalen Maschine, seiner Honda VFR fuhr, machte ihm da so schnell keiner was vor! Doch Heute war er ja, wie gesagt, mit seiner italienischen Senorina unterwegs. Es war besonders schönes Wetter und deshalb war er richtig gut drauf! Die Laverda, eine 750 SF, war ein echter Klassiker, hatte ein recht gutes Fahrwerk und dazu noch fast 70 PS. Damit war schon einiges möglich. Der einzige Minuspunkt war jedoch die Bremse! Bei dem Baujahr, 1972, waren noch Trommelbremsen verbaut und die waren bei dem Gewicht der Maschine nicht mehr so ganz ausreichend. Die Techniker hatten zwar schon tief in die Trickkiste gegriffen und eine Doppel-Duplex-Bremse konstruiert, doch bei dieser Bauart gab es immer Probleme mit der Einstellung. Entweder war bei geringer Handkraft zu wenig Bremsleistung vorhanden, oder wenn man richtig hinlangte viel zu viel. So richtig passend war die Sache nie! Und auf genau diesem Donnerbolzen ließ es der Achim also richtig krachen! Natürlich wusste er von diesen Eigenarten doch andererseits hatte er in letzter Zeit immer nur die Honda bewegt. Seit Wochen war er nicht mehr mit der Laverda gefahren und freute sich heute um so mehr. Doch dann kam was wohl kommen musste! Auf der Straße zwischen Drensteinfurt und Sendenhorst gab es richtig schöne Kurven und der Achim ließ die Maschine richtig fliegen! Natürlich musste er vor den Kurven kräftig anbremsen, das klappte auch in den ersten Dreien. In der vierten Kurve aber zog die Bremse plötzlich nicht mehr! Ja, schlagartig fiel Ihm wieder die Problematik ein, doch leider zu spät! Nun blieben Achim nur noch zwei Möglichkeiten: Irgendwie versuchen mit dem viel zu hohen Tempo um die Ecke zu kommen und dabei riskieren in den Straßengraben zu fliegen! Oder aber mit einem Motocross-Sprung, geradeaus und über den Graben auf den frisch gepflügten Acker zu kommen! Innerhalb von Sekundenbruchteilen entschied sich Achim für die letzte Variante! Und wirklich! Er richtete die Maschine auf, flog mitsamt der Laverda über den Graben und landete genau längs in einer Ackerfurche! Hier heile angekommen gedachte er nun im besten Motocross Stil seine Bewegungsenergie auslaufen zu lassen. Doch leider war der Boden hier sehr weich und die Maschine steckte sofort fest. So abrupt abgebremst flog der Achim natürlich über den Lenker und rutschte, noch bäuchlings und die restliche Bewegungsenergie verströmend, so knapp 10 Meter durch die besagte Furche!

Als nun alles zum Stillstand gekommen war merkte Achim zunächst das er offenbar unverletzt war. Uff! Nur bei seinem Vollschutzhelm war schon beim ersten Bodenkontakt das Visier abgerissen und so war er wie ein Pflugschar durch den Ackerboden gegangen. Das Kinnteil vom Helm war randvoll mit Erde und auch die Jacke hatte einiges einstecken müssen!

Nach einigen Schrecksekunden stand aber ein unverletzter, jedoch völlig verdreckter und vor sich hin fluchender Achim neben seiner schönen, aber ebenso schmutzigen, Laverda.

Dabei hatte er noch ungeheures Glück denn die Maschine hatte bis auf den vielen Dreck überhaupt keinen Schaden genommen! Nur das Schutzblech vorne und der rechte Spiegel waren etwas lädiert. Na ja, sie war ja auch weich gefallen!

-

Aber! *-Es gibt keine lustigen Unfälle!-* *Die Meisten die uns betreffen sind sogar ausgesprochen brutal, blutig und überaus traurig! Ist man aber im Internet unterwegs, gewinnt man schnell einen anderen Eindruck. Da werden immer wieder Filmchen gezeigt wo Motorradfahrer, möglichst spektakulär, in die Gegend* *fliegen. Doch davon sollte man sich nicht beeindrucken lassen denn zum einen zeigen diese Videos nicht die Folgen die so etwas hat und zum anderen halte ich es für reine Sensationsgier wenn man sich so etwas anschaut! Natürlich steht es jedem Menschen frei sich so etwas an zu sehen, doch mit unserem schönen Hobby hat das wohl nichts zu tun!*

Wir wollen doch etwas ganz anderes. Etwas Schönes erleben, eine kurvenreiche Strecke vielleicht, die man beschwingt und fröhlich abfährt, die Düfte von Feld und Flur an einem schönen Frühlingstag genießen, oder die Harmonie zwischen Mensch und Maschine fühlen!

Natürlich lassen sich Unfälle nie ganz verhindern, denn niemand ist perfekt oder fehlerlos! Doch gilt es immer und überall solche Gefahren zu vermeiden. Wir fahren ja nicht um irgendwelche Preise oder Pokale! Ja auf der Rennstrecke ist das etwas ganz anderes! Da wird natürlich um die Ehre, um Pokale und Preisgelder gefahren. Doch gerade dort gibt es etliche Sicherheitsmaßnahmen wie, Auslaufzonen, Strohballen, perfekten Asphalt. Denn Rennfahrer sind keine Kamikaze-Piloten! Das muss hier einmal erwähnt werden.

Eine echte Schweinerei

Ja und in diesem Zusammenhang werde ich euch auch die etwas unappetitliche Geschichte vom Franz erzählen.
Vor einigen Jahren traf ich den Franz an einer großen Tankstelle. Wir kannten uns bis dahin nur vom Sehen, wie man so sagt in Westfalen. Man meint damit das man sich zwar schon öfter begegnet ist jedoch bisher keinen näheren Kontakt hatte. Das sollte sich nun ändern! Wir waren beide mit Motorrädern unterwegs und hatten uns durch Zufall an eben dieser Tankstelle getroffen. Nicht um zu tanken, nein nur weil es hier diese tollen Waschboxen zum selber waschen der Fahrzeuge gab. Seit einigen Jahren war ja das Waschen vor der eigenen Garage verboten! Dabei hab ich den Franz zunächst gar nicht erkannt denn er war in voller Montur, also Regenkombi, Gummistiefel, Regenhandschuh und Helm auf dem Kopf. Na ja, es war schlechtes Wetter doch momentan regnete es doch gar nicht!? So standen wir zwei in nebeneinander liegenden Boxen und ich wollte grade anfangen, da kam der Franz rüber. Er meinte nur: *„Hallo, kannst du mich mal richtig mit dem Hochdruckreiniger abspritzen?"*
„Äh, ja klar! Wenn du meinst."
Mehr fiel mir erstmal nicht ein, denn so eine Aufforderung bekommt man ja nicht jeden Tag! Doch nun sah ich genauer hin und bemerkte auch den strengen Geruch der von Ihm ausging. Er war von oben bis unten mit irgendeinem Dreck bekleckert! Ja das mußte wirklich runter und hier ging so etwas wohl am besten. Also bearbeitete ich Ihn ordentlich mit dem Hochdruckreiniger und ein paar Minuten später war er wieder sauber. Doch nun wollte ich natürlich wissen was denn mit Ihm passiert war, so richtig wollte er es aber nicht erzählen. Offensichtlich war ihm die Sache irgendwie Peinlich. Ich ließ ihm aber keine Ruhe und dann fing er an zu erzählen. Er war schon früh am Morgen losgefahren und wollte mit seiner MZ in Richtung Köln. Dort hatte er etwas zu erledigen und einzukaufen. Von Ahlen aus war das ein ganzes Stück zu fahren

und so hatte der Franz sich in weiser Vorraussicht und auf Grund der Wetterlage die vollständige Regenmontur eingepackt. Auf dem Hinweg hatte er Glück und blieb von Regen verschont. Leider hielt sein Glück nicht lange an denn als er zu Fuß durch die Stadt Köln lief bekam er schon die ersten Schauer ab. Klar, das er sich darüber ärgerte und dachte: *„Mann, 150 Kilometer über die Autobahn ist es trocken und jetzt bekomme ich hier einen nassen Hintern!"*
Doch das sollte noch nicht alles sein!
Als er seine Sachen erledigt hatte, pellte er sich in seinen Regenkombi denn mit den nassen Klamotten Fahren wäre nicht gut gekommen. Man fängt ja sofort an zu frieren! Natürlich war das Ganze jetzt irgendwie eklig denn unter der Kombi konnten seine Sachen nicht mal vom Fahrtwind trocknen, doch es regnete auch weiterhin. Auf der A1 Richtung Norden blieb es weiterhin nass, erst als er am Kamener Kreuz auf die A2 wechselte hörte der Regen langsam auf. Natürlich dachte er darüber nach nun endgültig die Regensachen auszuziehen doch aus Bequemlichkeit ließ er sie nun einfach an. Und das war gut so! Ungefähr zehn Minuten später, die Autobahn war noch nicht wieder richtig trocken, überholte er eine Reihe von Lkw. Auch das war nicht wirklich schön denn die Gischtfahne, die die großen Räder aufwirbelten, war richtig heftig. Der Wind kam von rechts vorne und das sorgte beim Franz für so manche Ganzkörperdusche! Doch plötzlich änderte sich auch noch die Konsistenz und der Geruch dieser Dusche!
-Oh Gott, das darf doch wohl nicht war sein, dachte er!-
Mit einem Blick nach rechts hatte er die Lage erkannt. Ein Tiertransporter, vollgepackt mit schwarzbunten Rindviechern! Wahrscheinlich auf dem Weg in den nächsten Schlachthof! Und offenbar mochte eins der Tiere keine Motorradfahrer denn nun, im genau passenden Augenblick, erleichterte es sich! Zu allem Überfluss konnte der Franz, mangels Leistung bei der MZ, auch nicht so schnell wegkommen und an bremsen war auch nicht zu denken, hinter im drängelten schon die Autofahrer. Also musste er stoisch die Sache über sich ergehen lassen! Ja Leute, da fällt mir

der alte Reklamespruch wieder ein:

„Wenn einem so viel Gutes wieder fährt, ... !"

Glücklicherweise hatte er ja noch seine volle Montur an und auch den Helm zu! Die nächste Station war dann in Ahlen diese besagte Tankstelle, denn natürlich, wie hätte es auch anders sein können, war auf den letzten Kilometern kein Tropfen Regen mehr gefallen!

-

Solche Dinge sind natürlich für den Betroffenen alles andere als lustig, nur mit der Zeit kann man irgendwann auch selbst darüber lachen. Und auch mir sind eine Menge solcher Sachen passiert! Ein paar davon habe ich aufgeschrieben und euch hier zum schmunzeln gegeben.

Bastelei

Und noch ein Erlebnis kam mit meiner Mille GT. Zu diesem Zeitpunkt hatten wir beide schon einige Jahre miteinander verbracht und auch so manch ein Erlebnis war wohl dabei. Ich hatte gerade mit viel Arbeit und Mühe den Watsonian-Seitenwagen montiert und nun waren Manuela und ich dabei uns mit diesem Gespann an zu freunden. Klar, das bei so einer Konstruktion auch mal etwas nicht auf Anhieb passte, schließlich ist so ein Gespann ein völlig eigenständiges Fahrzeug und muß auf jeden Fahrer angepasst werden. Es gibt hierfür eben nicht so eine Art Kochrezept nach dem Motto: `man nehme...!´ Es gab also so einige Baustellen und ich hatte ständig etwas zu tun. Nun hatten wir aber auch ein paar Treffen im Jahr die wir regelmäßig anfuhren. Dazu gehörte im hohen Norden auch ein recht gemütliches Motorradtreffen. In der Nähe von Westerstede, diente ein kleiner Ort namens `Hollriede´ als Treffpunkt. Eigentlich ein reines MZ-Treffen, doch so genau nahmen die Veranstalter das nicht. Außerdem war ich auch schon mit meiner 250er ETZ dort gewesen, doch diesmal wollten wir natürlich mit dem Gespann anreisen. Auch Manuela wollte mit und so kam noch das Zelt, Schlafsäcke, Iso-Matten und ein paar Klamotten ins Gepäckabteil und schon waren wir wieder voll bepackt! Es war Freitag Nachmittag und ich hatte am Tag zuvor noch lange geschraubt damit wir problemlos zum Treffen und zurück kamen. Da waren noch so einige Sachen zu erledigen gewesen. Doch ich hatte alles fertig bekommen, so das wir pünktlich losfahren konnten! Als wir von der Arbeit kamen tranken wir noch in aller Ruhe einen Kaffee und fuhren los. Alles funktionierte so wie es sollte und ich freute mich darüber. Auch die Eigenkonstruktion die ich kurz vorher angebaut hatte, passte sehr gut. Für den Lenker hatte ich mir etwas einfallen lassen. Ja, der Lenker war bei der Mille ein schwieriges Thema. Ich hatte im laufe der Zeit wohl sieben oder acht Verschiedene ausprobiert, keiner war so richtig zufriedenstellend!

79

Nun war mir aber eine tolle Idee gekommen! Ich hatte mit zwei massiven Stahlstücken eine Verlagerung des Lenkers in meine Richtung um 35mm erreicht, dadurch saß ich aufrechter und bequemer. Super einfach, und die Züge und Kabel passten auch noch! Hochzufrieden hatten wir also die ersten Kilometer hinter uns gebracht, als ich merkte das wir noch tanken mussten. Manuela blieb im Seitenwagen und ich stieg von der Maschine. Ein Autofahrer, der auf der anderen Seite der Zapfsäule stand, bewunderte derweil unser schönes Gespann. Natürlich war ich stolz wie Oskar! Dann schloss ich die Tankklappe auf und...? Ja, aufschließen ging noch, nur hochklappen leider nicht! Die Mille hatte, ähnlich wie bei einem Auto, eine Tankklappe mit darunter liegendem Tankdeckel und diese Tankklappe stieß genau an meine ach so tolle Lenker-Verlegungs-Konstruktion und dadurch kam ich nicht mehr an den Tankdeckel!

Na Super! Das hatte mir gerade noch gefehlt! Sitzen und Sitzposition echt Super, doch wegen Spritmangel nix mehr fahren! So was Blödes!

Manuela hatte das Ganze, aus dem Beiwagen, wunderschön beobachten können und bog sich derweil vor lachen! Doch was nun? Zu allem Überfluss hatten wir es mal wieder eilig, denn wir wollten ja noch unser Zelt aufbauen und so! Außerdem waren wir, wie immer, recht spät losgekommen. Ja, das konnten wir wirklich gut, immer auf den letzten Drücker losfahren! Doch bei allem Ärger fiel mir ein das ich auch ein wenig Werkzeug eingepackt hatte. Ich schraubte den Lenker, samt Halterung, los und schon konnten wir Tanken. Danach hab ich alles wieder gut festgeschraubt und schon konnte es losgehen. Klar, musste ich nun auch über mich selber lachen! Wenn wir heute an dieser Tankstelle vorbeikommen sorgt diese Geschichte immer für ein Schmunzeln bei Manuela und mir. Ja, solche Dinge würzen erst so richtig das Erlebnis des Motorradfahrens, denn genau so etwas brennt sich im Gedächtnis ein! Eine absolut perfekte Reise, ohne irgendwelche Zwischenfälle, hingegen bleibt einem nicht so lange im Kopf.

So ist das mit dem Fahren und Schrauben! Leider sind Motorräder immer noch nicht so perfekt wie andere Fahrzeuge und daher gibt es an ihnen immer etwas zu schrauben oder zu reparieren. Auch meine Maschinen bilden da keine Ausnahme, sorgen dadurch aber auch für Unterhaltung!

Ausflug mit Suzuki

Es ist noch gar nicht lange her da war ich mit meiner V-Strom im Rhein-Gau-Gebirge unterwegs, gar nicht weit von der Lorelei entfernt. Dort hatte ich meine Frau während einer Kur besucht. Direkt am Rhein herrscht dort zwar immer viel Verkehr, doch sobald man die großen Straßen verlässt und auf die Kleinen einschwenkt, hat man die Strecke wieder für sich. Und genau hier war man mit dem Motorrad ein kleiner König!

Während also meine Frau von einer Anwendung zur Nächsten hechtete und es sich zwischendurch auch mal gemütlich machte, zog ich die Frischluftbetankung auf dem Motorrad vor. Ich hatte mir ein paar Tage frei genommen und ein Quartier besorgt. Diese Gegend zwischen Wiesbaden und Koblenz kannte ich vorher nicht. Auf der Karte konnte man aber erkennen das es hier viel Wald und einige Hügel gab. Dem entsprechend schöne Strecken gab es hier. Am Wochenende fuhr ich mit Manuela und dazwischen auch allein. Mit meiner Frau machte es natürlich mehr Freude diese Landschaft zu genießen, doch allein kam ich doch schneller und weiter vorwärts. So fuhr ich auch einmal bis an die Mosel und auch ein Stück daran entlang, eine richtig schöne Tour! Es war strahlend blauer Himmel und dabei nicht zu warm. Dann ging es zurück durch die Wälder des Taunus in Richtung Rhein. Irgendwo unterwegs bemerkte ich dann ein Schild am Straßenrand. Es wies auf einen Turm hin. Da es an dieser Stelle gerade besonders schön war und zudem noch recht hoch, versprach ich mir einen tollen Ausblick von dort! Also rollte ich rechts den Weg hinein. Leider war der Asphalt nach einigen Metern zu Ende und es ging auf Schotter weiter, doch auf meiner Suzuki störte mich das nicht. Bevor aber der besagte Turm in Sicht kam, war auch der Schotter zu Ende und nun kam nur noch Feldweg. Doch auch das war kein Problem, denn die V-Strom ist trotz ihres Gewichts ein sehr handliches Motorrad, ich fuhr also weiter. Dann kam der Turm in Sicht, eine einfache Konstruktion aus Holz, und ich beschloss erst mal eine Pause ein zu legen. Ich hielt an und klappte mit dem linken Fuß den Seitenständer aus, ließ die Maschine sachte kippen und wollte schon absteigen. Doch in diesem Moment kippte die Suzuki plötzlich weiter! Mein Blick ging sofort nach unten und schon sah ich das Elend. Der Seitenständer brach ganz langsam aber sicher ab! Jetzt machte sich natürlich auch das Gewicht bemerkbar, denn festhalten konnte ich die Fuhre nun nicht mehr! Klatsch! Schon lag die Maschine im Dreck. Ich hatte zwar Glück, mir war nichts passiert doch das Moped war etwas unglücklich gefallen. Mit dem Lenker nach unten auf dem schrägen Feldweg, war es unmöglich sie einfach wieder hoch zu heben. Der Feldweg war zwar mit Gras bewachsen, so das die Suzuki weich lag und weiter keinen Schaden hatte, meine Versuche sie wieder auf zu richten blieben aber erfolglos. Ja, was sollte ich nun machen? Da bemerkte ich die vorbei fahrenden Autos auf der Landstraße und beschloss Hilfe zu holen.

Natürlich fuhren, als ich endlich an der Straße war, eine ganze Menge Autos vorbei ohne an zu halten. Aber nach einer viertel Stunde hielt endlich jemand an und dem erklärte ich die Sachlage. Absolut Hilfsbereit und guter Laune ließ mich der ältere Herr in seinen Geländewagen steigen und wir fuhren zum Motorrad. Als wir ankamen stiegen wir beide aus und gingen zur Maschine. Aus dem Augenwinkel hatte ich schon gesehen das der hilfsbereite Herr höchstens 1,65m groß war und auch nicht besonders kräftig wirkte.

Daher hatte ich echte Bedenken ob unser Vorhaben, die Maschine wieder hin zu stellen, auch wirklich funktionierte. Doch trotz meiner Skepsis klappte die Sache auf Anhieb und wir brachten die Suzuki wieder in die Senkrechte. Auch der Versuch sie zu Starten funktionierte beim ersten Mal! Doch dann brauchte ich noch einmal die Hilfe des älteren Herrn! Nachdem die Maschine lief, bedankte und verabschiedete ich mich. Ich zog mir Helm, Handschuh und Jacke wieder an, setzte mich auf die Suzuki und wollte losfahren. Doch als ich den Gang einlegte war der Motor wieder aus! Oh Nein! Was war denn nun schon wieder? Zum Glück war mein Helfer in der Not noch nicht wieder gefahren! Da ich ja auf der (ach so zuverlässigen!) V-Strom unterwegs war hatte ich keinerlei Werkzeug mit genommen. Somit stand ich nun dumm da, denn irgend etwas reparieren ging so wohl nicht. Es war zwar nicht viel passiert, doch irgend etwas schien ja nun Defekt zu sein.

Der ältere Herr und ich überlegten was jetzt wohl zu tun sei. Sein Vorschlag war mich in das nächste Dorf mitzunehmen, mein Gedanke war das er mich, samt der Suzuki, dorthin abschleppte. Doch plötzlich kam mir eine Idee! Da ja der Seitenständer abgebrochen war und somit den Microschalter nicht mehr betätigen konnte, schaltete die Elektronik der V-Strom beim einlegen des Gangs die Zündung ab. Also musste man nur den besagten Schalter überbrücken oder irgendwie festklemmen! Ja genau so ging es dann auch. Der ältere Herr spendierte mir zwei Kabelbinder und damit klemmte ich den Schalter in der richtigen Stellung fest. Endlich konnte ich meinen Weg nun fortsetzen.

-

Die selbst erlebten Geschichten nehmen einfach kein Ende, man wird halt älter, reifer, aber leider auch etwas bequemer. Man kommt sich sogar zeitweise `weiser´ vor, doch leider schützt Alter nicht vor Torheit und Leichtsinn! So wie in der folgenden Story.

Harz-Tour

Früher da haben wir halb Europa in einer Woche bereist, ja Früher haben wir diese ganzen Sonntag-Nachmittags-Ausflügler verflucht oder ausgelacht! Wir haben diese Leute gar nicht ernst genommen. Wir waren ja immer unterwegs, mindestens aber das ganze Wochenende, also von Freitagmittag bis Sonntagabend. Viele Motorradtreffen- und Fahrer haben wir so kennen gelernt. Wie echte Helden, oder zumindest echte Männer haben wir uns dabei gefühlt! Und wie ist das Heute?
Tja, heute gehören wir eindeutig zu denen die so eine richtig schöne, entspannte Tour am Sonntag Nachmittag genießen können. So mit Kaffee und Kuchen und allem was dazu gehört! Da ist dann im Umkreis von 100 Km kein Cafe´ vor uns sicher (es sei denn der Kuchen schmeckt nicht!). Ja, so mit Mitte Fünfzig ist eben der Druck der die Jugend bewegt nicht mehr ganz so groß! Natürlich haben wir immer noch Spaß am fahren, doch man wird eindeutig ruhiger und bequemer. Ganz entspannt und gemütlich sollte unsere Tour diesmal werden. Wir hatten uns zu einer Fahrt in den Harz verabredet und damit es nicht zu anstrengend wird, diesmal mit einer Übernachtung. Wir heißt in diesem Fall unsere Motorradfreunde Ulla und Franz mit Ihrer BMW 1200 GS und natürlich Manuela und ich. Wir waren mal wieder mit unserer Suzuki V-Strom unterwegs.
Am Samstagvormittag trafen wir uns bei schönstem Wetter und mit bester Laune. Quer durch den Teutoburger Wald, das Lipperland

und dann über die Weser war unsere erste Etappe. Hier lässt es sich wunderbar fahren und nach einer Stärkung um die Mittagszeit ging es weiter durch den Solling. Durch dieses Stück Waldlandschaft gibt es zwar nicht viele Straßen, doch die Wenigen sind wirklich gut zu fahren. Herrliche Kurven und recht guter Asphalt machen richtig Spaß! Es wurde ein richtig schöner Tag, warm und trocken mit strahlend blauem Himmel. Bis nach Wernigerode war es aber noch ein ganzes Stück und so mussten wir ein wenig mehr Gas geben. Doch wir waren ja schon ein eingespieltes Team und somit war auch das kein Problem. So zwischen 17 und 18 Uhr kamen wir in der früheren Kreisstadt an und schauten uns zunächst nach einem Quartier für die Nacht um. Leider gestaltete sich diese Herbergssuche gar nicht so einfach. Das Touristenbüro war natürlich schon geschlossen und andere Möglichkeiten irgendwelche Informationen zu bekommen hatten wir nicht. Also machte Franz den Vorschlag doch lieber etwas außerhalb der Stadt direkt bei einem Hotel nach ein paar Zimmern zu fragen. Das Ganze noch mit dem Kommentar garniert: *„Na, hier gibt's doch jede Menge Hotel's, das kann doch nicht so schwierig sein!"*

Wir setzten uns also wieder auf die Maschinen und suchten uns etwas passendes aus. Ein wirklich schön gelegenes Haus, direkt auf einem Bergrücken. Doch leider (wie sollte es auch anders sein!) war hier kein Zimmer mehr zu bekommen. Nun ja, das war ja nur der erste Versuch! Dann folgten einige Kilometer Fahrt und mehrere ebenso erfolglose Versuche ein Quartier zu bekommen. Langsam aber sicher sank unsere Laune auf den Tiefpunkt, so dachten wir zumindest. Die Krönung war aber ein Haus am Wegesrand! Es war ein ziemlich herunter gekommener Schuppen, doch das war uns inzwischen egal. Wir wollten nur noch irgendein Lager für die Nacht. Doch vor diesem Hotel stand eine recht fragwürdige Gestalt, zahnlos und mit Alkoholfahne. Diesen älteren Mann fragten wir dann ebenfalls nach zwei Zimmern für eine Nacht und die Antwort werde ich wohl nicht vergessen, er rümpfte die Nase und meinte nur:

„Ja da muss ich erst mal in den Auftragsbüchern nachschauen. "
Sprach es und verschwand auf nimmer wiedersehen ins innere der
Kaschemme! Das war ja wohl eine echte Frechheit! Doch wie heißt
es da so schön, schlimmer geht immer. Inzwischen hatten wir
schon 20 Uhr und auch ziemlichen Hunger. Außerdem mussten wir
uns durch ein leckeres Essen wieder ein wenig Auftrieb
verschaffen. Ein Gasthof war schnell gefunden und das Essen war
richtig gut, auch die Bedienung war sehr freundlich. Nach dem
üppigen Mahl fragten wir nun auch hier nach einem Zimmer, doch
wir hatten wieder Pech und erfuhren aber das an den Wochenenden
nur ungern für eine Nacht vermietet wird.Was sollten wir also
machen?
Nach kurzer Beratung war klar - wir fahren wieder nach Hause!
Ja es war kaum zu glauben, doch unsere Fahrt sollte wirklich auf
diese Weise enden. Natürlich hatten wir uns das anders vorgestellt,
doch was blieb uns schon übrig? Irgendwo bei Braunlage fing es
dann auch noch passend an zu Regnen. Es war wie verhext, doch
wir hatten unseren Entschluss gefasst! Im Stockdunkeln und noch
dazu bei Nieselregen und nasser Fahrbahn sausten wir durch den
Harz. Das Ganze gestaltete sich dann auch mehr wie ein Blindflug
als alles andere. So schön die Straßen auch bei Licht und
Trockenheit sind, genau so übel ist es hier bei Nacht und Regen!
Doch nach Mama rufen hilft in so einem Fall nicht. Wo kämen wir
denn auch hin wenn wir alle in solchen Situationen, wie die Schafe
blökend, durch die Gegend laufen würden? Nein nein, ich nahm es
eben so hin, wie es war. Nach ungefähr 25 km durch Wald und
Dunkelheit kamen wir dann auch wieder auf größere und
beleuchtete Straßen, dafür wurde der Regen nun heftiger. Langsam
aber sicher lief uns das Wasser in Stiefel und Handschuh. Auch
unsere dünne Regenkleidung gab bei diesem Dauerregen bald ihren
Geist auf, doch wir litten stumm, Kilometer für Kilometer!
Franz, der voran fuhr, machte richtig Strecke. Doch nach einer
ganzen Weile, wir waren schon durch bis auf die Unterhose, sah
meine liebste Sozia ein Hinweisschild für McDonald´s und so bog

ich kurzerhand dort ab. Ich brauchte unbedingt einen heißen Kaffee und Manuela, Ulla und Franz wohl ebenso. Triefend und tropfend holten wir uns also etwas warmes zu trinken. Natürlich wurden wir etwas mitleidig angeschaut, doch das störte uns im Moment am wenigsten. Nach dieser kurzen Pause rafften wir uns für die letzten Kilometer auf und wie hätte es anders sein können – es hatte aufgehört zu regnen! Müde und völlig erledigt kamen wir dann mitten in der Nacht zu Hause an. Seit dieser Aktion reicht die Erwähnung eines Stichwortes wie `Harzfahrt´ aus, uns wieder zum schmunzeln zu bringen.

-

Ja manchmal gehen die Dinge eben alle schief, wer kennt das nicht! Aber es bleibt einem wenigstens als `Erlebnis´ im Gedächtnis! Manchmal lernt man sogar dazu, obwohl das nicht vor neuen Katastrophen schützt! Doch es geht auch ganz anders, es gibt auch die fast perfekten Ausflüge und Reisen. Hier passt halt alles zusammen, vom Anfang bis zum Ende.

Die perfekte Tour

Ja, im Rückblick war es tatsächlich eine perfekte Tour die Markus und ich da veranstaltet haben. Wahrscheinlich wird nun jeder denken, -*Ach das gibt's ja gar nicht, irgendetwas ist doch sicher mal schief gegangen!*- Schon, das stimmt. Natürlich ist auch diesmal wieder einiges passiert das nicht unbedingt toll war. Aber wir haben alles ohne große Aufregung oder Stress gemeistert! Wir waren tatsächlich immer noch so eingespielt das uns viele Dinge einfach nicht mehr schocken konnten, dazu kam natürlich auch noch eine große Portion Glück und vielleicht unser etwas reiferes Alter. So etwas kann letztendlich den Unterschied bedeuten, der aus einer Reise, eine perfekte Reise macht! Doch lasst mich die Geschichte von vorne erzählen.

Es begann an einem sehr heißen Sommerabend. Wir, das heißt in diesem Fall mein bester Freund Markus und ich, saßen bei einer Pizza und Getränk im Biergarten eines Bistros. So ungefähr einmal im viertel Jahr haben wir solche Treffen, natürlich sehen wir uns auch Zwischendurch mal, doch so ab und zu gönnen wir uns halt etwas. Das hat durchaus etwas Inspirierendes für uns beide und diese Treffen können sich über Stunden ziehen, ohne das uns dabei langweilig wird, man spricht halt über alles mögliche.

An diesem Abend brachte Markus dann bald einen Vorschlag den ich sehr schön fand. Er meinte er hätte ja nun bald seinen fünfzigsten Geburtstag und wüsste noch nicht so ganz genau wie er den nun angehen sollte. Eine klassische Feier, wie es in Westfalen so üblich ist, wäre nun so gar nicht seine Sache, außerdem wären die Verwandten und Bekannten sehr über die Republik verstreut. So war er also auf die Idee gekommen die Feier etwas zu stückeln und mit mir würde er am liebsten wieder mal eine Tour machen. Schließlich hatten wir vor 14 oder 15 Jahren so einige schöne Fahrten unternommen, doch dann waren Familie und einige andere Dinge wichtiger geworden. Für Extratouren blieb da keine Zeit doch nun sollte es wieder los gehen. Auch ein Ziel hatte er sich schon überlegt, ein Gasthof in der Rhön sollte es werden. Dort war er ein Jahr zuvor schon mal, allerdings mit dem Fahrrad und somit war der Aktionsradius etwas eingeschränkt. Die Gegend, so sagte er, wäre aber auch bestimmt schön zum Motorradfahren. Also wurde ein Datum festgelegt und so konnte die Sache starten. Natürlich mussten wir noch zweimal den Zeitpunkt verschieben, denn wie immer kam wieder irgendetwas dazwischen, aber das ist ja völlig normal. Dann kam das ersehnte Wochenende und siehe da – trotz Herbstanfang und Temperatursturz, war wunderbares Wetter angesagt, na was will man mehr!

An einem Freitagnachmittag trafen wir uns. Markus war mit seiner Honda NTV 650 unterwegs und ich mal wieder mit meiner Suzuki V-Strom. Zunächst stand uns leider die Anreise bevor. Wir hatten uns schon gedacht das der Weg an Kassel vorbei dazu noch einem Freitagnachmittag, sicher nicht so toll wird. Leider bestätigte sich unsere Vermutung, denn die Autobahn war zum bersten voll und die ersten Staus ließen nicht lange auf sich warten. Der Versuch dem Ganzen über die Landstraße zu entgehen hat uns dann sogar noch mehr Zeit gekostet, aber was soll´s. Zu allem Überfluss wollte sich dann an der Honda auch noch ein Blinker verabschieden was wir jedoch mittels Isolierband verhindern konnten. Irgendwann gegen Abend hatten wir es dann aber doch geschafft und bezogen unser Zimmer. Ja, ich sagte -unser- Zimmer! Markus hatte ein Doppelzimmer bestellt, nicht weil Geiz geil ist, nein er wusste das es in dem Gasthof ein besonders großes, schönes Zimmer gab. Nun haben weder er noch ich ein Problem damit, wir waren ja schon früher mit einem einzelnen Zelt unterwegs. Doch Markus wusste nicht das im Laufe der Jahre meine Schnarcherei immer heftiger geworden war. Nun ja, ich will hier nichts beschönigen und muss Markus dafür danken das er es so gut ausgehalten hat! Bis hierhin hatten wir tatsächlich eine Reise die ganz und gar nicht perfekt lief, doch ab jetzt sollte es richtig gut laufen!

Für den Samstag hatten wir auf meinem Navigationsgerät schon eine Rundtour hinterlegt. Dazu hatten wir uns schon zwei Wochen im voraus zusammengesetzt und in mühevoller Kleinarbeit, mittels Computer, Navi und einer Karte die Tour ausgearbeitet! Doch was soll ich sagen – die Sache hat sich hatte sich auch gelohnt, ja tatsächlich! Wir frühstückten erst mal ausgiebig und starteten dann zu unserer Runde durch die Röhn. Ich fuhr mit dem Navi am Lenker voran und wir genossen die weiten Ausblicke bei strahlend blauem Himmel. Unser Weg führte uns zunächst über die Wasserkuppe, wo wir uns die erste Pause und einen heißen Kaffee gönnten. Während dessen konnten wir auch noch die Flieger bestaunen, denn da oben war ganz schön was los. Man hätte auch mal einen Rundflug machen oder in das kleine Flugzeugmuseum gehen können, doch wir wollten ja noch weiter. Wir wollten das schöne Wetter genießen in dieser herrlichen, hügeligen Landschaft! Also setzten wir uns wieder auf unsere Maschinen und ließen sie talwärts rollen. Ja wir fuhren nicht mal wirklich schnell, denn hinter jeder Kurve öffnete sich wieder ein neuer Anblick!

Nun war die Rhön ja früher so genanntes Zonenrandgebiet und heute kann man noch an einigen Stellen Teile der ehemaligen Grenze sehen. Hauptsächlich hat man aber dort wo zur Zeit der DDR die Grenzbefestigung war, das Gelände zum Naturschutzpark erklärt. Dadurch ergibt sich ein riesiges Gebiet das sich von Bayern bis zur Ostsee erstreckt, mitten in unserer Republik! Natürlich ist es oft nur sehr schmal und es führen auch Straßen und Autobahnen hindurch, doch ist es tatsächlich das größte Naturschutzgebiet das wir haben.

Ständig wechselten wir nun die Seiten, mal fuhren wir im Osten und mal im Westen der ehemaligen Staatsgrenze. An der unterschiedlichen Bebauung konnte man es durchaus noch merken, wo wir uns grade befanden. Doch schön war es irgendwie auf beiden Seiten. Die nächste Pause machten wir dann am Checkpoint Alpha. Das ist ein kurzes Stück der ehemaligen Grenze an der sich mittels zweier Wachtürme die Russen und die Amerikaner schwer bewaffnet, Aug in Aug gegenüber standen. Heute ist das eine Gedenkstätte die die Sinnlosigkeit der ganzen Sache darstellen soll.

Doch die schöne Fahrt sollte für uns noch nicht zu Ende sein! Die Sache mit dem Zonenrandgebiet hatte zur Folge das auf beiden Seiten der Grenze zu Zeiten der DDR nichts, aber auch rein garnichts los war. Die größeren Städte waren alle einige Kilometer entfernt. Für uns Motorradfahrer eine richtig feine Sache! Hier macht das Fahren tatsächlich noch Freude.

Nur wenn einem mal, so wie mir, an einem Samstagnachmittag so langsam der Sprit ausgeht in dieser Gegend, muss man schon mal einen größeren Umweg in Kauf nehmen! Ja tatsächlich, genau so war es gekommen! Man sollte meinen das passiert zwei so alten Hasen nicht mehr, doch wir waren wohl schon zu sehr verwöhnt von dem dichten Tankstellennetz in der Heimat. War aber nicht weiter schlimm, denn auch der Weg bis zur Tankstelle war sehr schön zu fahren und wegen Sprit mangel segeln brauchten wir dann doch nicht. So langsam wurde es nun Dunkel und wir beeilten uns zu unserem Gasthof zu kommen. Nachts ging das Thermometer schon bis auf fünf Grad herunter und somit wurde es nach Sonnenuntergang sehr schnell kalt. Am warmen Herd angekommen, ließen wir dann auch mit einer deftigen Mahlzeit den Tag ausklingen. Um nun noch den Genuss zu steigern hatte Markus sogar einen sehr leckeren schottischen Whisky mitgebracht den wir uns in unserem Zimmer genehmigten. Da blieben ja wohl keine Wünsche offen!

Am Sonntag mussten wir uns dann leider von unserem Quartier verabschieden. Wir hatten beide das Gefühl noch zwei oder drei Tage so verbringen zu können, doch die Pflicht rief. Nach dem guten Frühstück hatten wir aber bis zum Abend Zeit für den Heimweg und den wollten wir nun nicht gerade auf der Autobahn verbringen. Wir ließen also das Navigationsgerät eine Kurvenreiche Strecke aussuchen und fuhren entspannt Richtung Heimat. Und hier muss ich nun mal einmal den Erfindern und Herstellern der speziellen Motorrad Navigationsgeräte danken, obwohl ich kein Elektronik-Freak bin und vieles erst mal in Frage stelle. Doch an dieser Stelle muss ich sagen das diese Dinger eine echt tolle Erfindung sind. Schon am Samstag hat uns das Gerät sehr gut geführt, doch an diesem Sonntag erlebten wir das Potenzial das in ihm steckt. Schon aus dem Ort heraus ging es über Nebenstraßen und verwinkelte Sträßchen, immer durch Wälder und Felder. Das Laub auf den Bäumen verfärbte sich schon und leuchtete in der Sonne. Nach den ersten 30 oder mehr Kilometern mussten wir kurz an einer Kreuzung halten, da rief ich zu Markus herüber: *„Hey Markus, kneif mich mal sonst kriege ich das Grinsen gar nicht mehr aus dem Gesicht!"* Es war aber auch wirklich eine tolle Strecke, meistenteils durch nicht verbaute Landschaft! So wie wir Motorradfahrer es lieben. Natürlich dauerte die Fahrt dadurch ein paar Stunden, aber wir genossen jede einzelne Minute!

Irgendwann war natürlich auch diese Reise zu Ende und der Alltag fing uns wieder ein, schließlich warteten unsere Frauen schon auf uns. Doch wir beide hatten Kraft getankt und denken auch Heute noch an diese fast perfekte Tour!

Ja manchmal passt eben wirklich alles und ein anderes mal geht wirklich alles schief! Und doch möchte ich kein einziges dieser Erlebnisse missen, sie machen uns doch erst zu dem der wir sind! Ohne negative Dinge könnten wir die schönen Seiten des Lebens wahrscheinlich nicht so richtig genießen. Aber jetzt wird es Zeit mal etwas anderes auf zu klären.

Warum keine BMW?

Tja, vielleicht ist es ja schon jemandem aufgefallen? Ich schreibe nichts über BMW! Ja, man könnte fast meinen ich hätte etwas gegen diese Motorräder, wo man doch heute manchmal glauben sollte es gibt gar nichts Anderes mehr! Aber nein, da kann ich euch beruhigen. Viele gute Bekannte und Freunde fahren neuere BMW. Darunter sind von der F 650 über R 1200 GS bis zur K1 alle Größen vertreten. Als unparteiischer Beobachter habe ich allerdings bemerkt das auch BMW keine Wunder vollbringen kann. Sogar hier gibt es immer wieder mal Schäden und Ärger an den Maschinen. Auch beim Händlernetz läuft öfter mal was schief! Das heißt natürlich nicht das BMW schlechte Motorräder bauen würde, sondern nur das eben auch hier Fehler passieren! Wie bei jedem anderen Hersteller auch! Mit dieser Tatsache darf man aber auf keinen Fall den echten BMW-Fans kommen! Neiiin, auf gar keinen Fall! Die würden so etwas nicht mal unter Folter zugeben! In diesen Kreisen soll man auch schon öfter den blau-weißen Propeller auf der Stirn des Fahrers beobachtet haben. Eintätowiert, mit den bekannten drei Buchstaben!

Oh je, das war jetzt ziemlich böse, doch Spaß beiseite. Es gibt zwar wirklich diese Überzeugten und Unverbesserlichen, doch die gibt es bei anderen Motorradmarken auch und die, die ich kenne sind ganz normale Motorradfahrer! Um nun aber erklären zu können warum diese Motorradmarke nie so recht die Meine war, muss ich wohl etwas weiter in die Vergangenheit abschweifen. Da gab es nämlich zum Teil ganz profane Gründe für diese Art Verweigerung. Als ich 1982 meinen Führerschein gemacht habe, hatte ich beim besten Willen kein Geld für so eine Maschine, ganz im Gegenteil! Da habe ich mir, aus der finanziellen Not heraus, eine kleine Yamaha in Einzelteilen gekauft und selbst zusammen gebaut. Doch die Finanzen spielten nicht die einzige Rolle. Es war auch die große Zeit der japanischen Maschinen! Die vier japanischen Hersteller waren absolut marktbeherrschend und boten eine riesige

Auswahl! Von 100 Kubik-Maschinchen im sportlichen Trim, bis zur wassergekühlten 1300er Sechszylinder-Rakete war alles zu bekommen und auch an technischen Innovationen mangelte es nicht. Es wurde an allem geforscht und entwickelt, sei es die Motorentechnik oder auch an Fahrwerk und Designe. Vollverkleidungen wurden zum Standard bei schnelleren Maschinen und Motorleistungen bis über 100 Ps waren ebenfalls kein Problem. Vor allem hatten die Japaner aber die Modelle spezialisiert es gab Enduros, Bigbikes, Chopper, Tourer und einiges mehr. Motorräder waren dadurch keine Fortbewegungsmittel mehr für den Alltag, sondern Sportgeräte, Freizeitvergnügen und wurden wichtig für den eigenen Lifestyle. Das alles hatten die Japaner fest im Griff! Natürlich gab es noch die Amerikaner mit ihren Harley's und hier in Europa die Engländer mit Triumph und Norton. Vor allem waren da noch die Italiener mit Benelli, Moto Guzzi, Ducati, Morini und Laverda. Ja, alles große Namen, doch wenn man die Verkaufszahlen betrachtete erreichten diese ganzen Firmen, zusammen mit BMW, nicht mal die Ergebnisse von Honda allein! BMW hatte, wie alle anderen europäischen Marken, die Japaner unterschätzt. Die hatten in den sechziger Jahren den Markt völlig überrollt und waren dann sehr zielstrebig das nächste Jahrzehnt angegangen. Die Qualität der Produkte hatte von Anfang an gepasst und dann haben sie das Händlernetz ausgebaut. Für japanische Maschinen sollte es in jedem Ort eine Werkstatt geben! Auch große Teilelager wurden eingerichtet denn es sollte niemand lange auf ein Ersatzteil warten müssen. Natürlich gab es auch hier Schwierigkeiten, doch so Anfang der achtziger Jahre funktionierte die Sache recht gut. Die Modellvielfalt war riesengroß und der viel zu schnelle Wechsel beruhigte sich so langsam. Die in den fünfziger Jahren so rührige und innovative Zweiradindustrie in Europa, hatte den richtigen Zeitpunkt verschlafen und war in der Bedeutungslosigkeit verschwunden! Als einzige deutsche Marke hatte BMW diesen Ansturm überlebt. Ansonsten gab es noch Zündapp und Hercules, doch letztere lebte nur noch von den

Bundeswehrmaschinen. Zündapp hingegen baute nur noch 50 ccm Maschinchen. Ach ja, bei Neckermann konnte man die Ostdeutschen MZ bestellen! Doch die hatten immer einen Sonderstatus. So sah es ab 1980 aus und genau zu diesem Zeitpunkt kamen wir, die geburtenstarken Jahrgänge, ins Spiel! Für uns waren die japanischen Maschinen schon völlig selbstverständlich. Wir kannten ja viele Firmen der Nachkriegsjahre gar nicht mehr und eigentlich machte sich niemand Gedanken darum woher diese oder jene Maschine kam, viel mehr schauten wir auf die Technik, den Preis und das Aussehen!

Durch die Autoproduktion konnte BMW die Motorradsparte jedoch aufrecht halten und sogar recht gute Maschinen bauen. Es waren absolut zuverlässige Maschinen, doch fehlte ihnen der sportliche Anspruch. Währenddessen in der ganzen Motorradwelt die Jagd nach mehr Leistung weiterging, blieb man bei BMW fast zwei Jahrzehnte bei einer Ausbeute von maximal 60 Ps aus einem Liter Hubraum stehen! Auch beim Aussehen blieb man immer sehr konservativ. Dadurch hatten die Maschinen bei uns immer so ein `Alt-Herren-Image´, dazu kam noch der überdurchschnittlich hohe Preis. Nein, das konnten die Japaner besser!

Ein wenig änderte sich das jedoch als BMW an der Rally Paris-Dakar teilnahm. Es war eine ziemlich verrückte Idee mit dem alten Boxermotor so ein Rallyfahrzeug zu konstruieren. Doch das Fahrwerk war wohl so gut gelungen, das man auf Anhieb dieses Rennen gewann. Endlich hatten auch die Bajuwaren wieder sportliche Erfolge! Klar das man aus dieser Situation versuchte wieder besser ins Geschäft zu kommen. Zum Teil gelang das auch sehr gut, denn die Zuverlässigkeit ließ sich nun weltweit vermarkten. Nord- und Südamerika waren die größten Absatzmärkte und auch in Europa ging es wieder besser. Doch uns junge Leute sprachen die Japaner mehr an, alles andere war viel zu konservativ! Ja, wir wollten richtige Renner haben. Beim Grand Prix fuhr doch auch keine BMW! Außerdem kostete 1980 eine

Yamaha RD 250 knapp 4000 DM und bot dafür echte 27 PS, eine BMW R 45 mit der gleichen Leistung sollte dagegen schon fast 6000 DM bringen! Dabei war so eine R 45, also der kleinste Boxer von BMW, nun wirklich nicht sportlich anzuschauen. Zwar waren die Fahrwerke so manchem Japaner überlegen, doch sie wogen über 200 Kilo und das bei 27 oder 35 PS! Also wirklich keine Raketen! Ja gerade dieses Modell das den Nachwuchs, also uns ansprechen sollte, war ungefähr so hübsch wie ein bunter Schuhkarton. Die Konstrukteure hatten allerdings auch eine schwere Aufgabe denn einerseits sollten sie die klassische BMW-Linie mit dem Boxermotor und dem Kardanantrieb unbedingt beibehalten, andererseits sollten sie aber ein ansprechendes, modernes Designe finden. Auch technisch gesehen war der Motor mit seinen Stößelstangen für den Ventiltrieb ziemlich veraltet und gerade bei dem recht kleinen Hubraum machte das der Drehfreude früh ein Ende. Ja, Ihr habt richtig gelesen! Ganz im Gegenteil zu den großen Motoren konnte und musste man bei der kleinen BMW ordentlich auf Drehzahl fahren. Das entsprach natürlich nicht der sonst typischen ruhigen Laufkultur, für die BMW ja nun bekannt war. Insgesamt betrachtet war das für uns damals ein echter Flop! Natürlich gab es auch noch die flotten Italiener, doch die hatten immer wieder Probleme mit ihrer Qualität und waren auch recht teuer! Auch englische Maschinen hatten keinen besonders guten Ruf und hier war auch noch das Problem mit den Zollmaßen, jedes Gewinde und jeder Schraubenkopf brauchten anderes Werkzeug wie bei uns. Wir blieben also bei den vier großen japanischen Herstellern. Zumal die in der Zwischenzeit ein riesiges Angebot hatten. Das die Motorräder nicht so ausgereift waren und von einem anderen Erdteil kamen, mit all den wirtschaftlichen Folgen die so etwas hat, das interessierte uns damals nicht! Wir wollten einfach nur schicke Motorräder für wenig Geld! Und so ist BMW viele Jahre für mich nie eine echte Wahl gewesen.

Heute muss ich allerdings gestehen das mir die älteren Boxermaschinen recht gut gefallen. Mit dem ruhigen und souveränen Fahren und ihrer sehr einfachen und konventionellen Technik, kann ich mich nun tatsächlich wesentlich mehr anfreunden. Doch letztendlich bestätigt das wohl nur mein damaliges Vorurteil, denn schließlich habe ich nun auch die Fünfzig locker überschritten!

Also doch ein Alt-Herren-Motorrad?!

Irgendwie schon, aber ein recht Gutes!

-

So, dann wäre das ja auch geklärt. Gerade durch meine Anfangsjahre und das fahren müssen bei schlechtem Wetter, hatte ich überhaupt keine Lust auch noch im Winter zu fahren. Doch vor einigen Jahren packte mich die Leidenschaft! Ich kaufte mir ein Uralgespann und fuhr damit zuerst im Sommer, dann aber auch im Herbst. Irgendwann kam dann der erste Schnee und damit fing der Spaß erst richtig an!

Im Winter

Wohl neunzig Prozent aller Motorräder steht während der kalten Jahreszeit irgendwo in der Garage, im Keller oder einer Scheune und werden hoffentlich gut gepflegt. Aber auch jetzt ist es möglich Motorrad zu fahren! Das glaubt Ihr nicht? Nun die vielen Teilnehmer an Wintertreffen beweisen es ja wohl! Bitte glaubt aber nicht ich wollte hier irgendjemand von irgendetwas überzeugen, das liegt mir völlig fern. Nein, im Gegenteil! Ich kann jeden verstehen der nur im Sommer fährt, denn: Natürlich ist es kalt. Und gefährlich kann es auch sein. Für die Maschine ist es Gift (Streusalz!). Das alles sind gute Argumente um im Winter zu Hause zu bleiben. Doch manch einen juckt es an einem schönen Frosttag schon in den Fingern und dann ist es wunderschön mal eine Runde mit der Maschine zu drehen. Wer einmal erlebt hat wie klar der Himmel an so einem Tag sein kann, wird es nicht wieder vergessen! Doch Vorsicht! Dazu gehört einige Vorbereitung. Ansonsten ist der Spaß sehr schnell vorbei und geht zu Lasten unserer Gesundheit! Zuerst möchte ich deshalb etwas zur richtigen Bekleidung sagen, denn damit steht und fällt der Spaß an der Sache. Allerdings: 'Die` richtige Kleidung gibt es nicht! Ja ganz recht! Ich möchte an dieser Stelle wirklich keine Empfehlung für ein bestimmtes Kleidungsstück geben, denn wir sind doch auch nicht alle gleich. Während die Einen auf Naturfaser schwören, wollen die Anderen nur noch High-Tech Wäsche tragen und wenn alle Anderen auf eine ganz bestimmte Winterkombi abfahren, dann nehme ich trotzdem meinen alten Zweiteiler(Hose und Jacke)! Denn für diesen zweiteiligen Anzug gibt es bei mir einen guten Grund. Ich habe einen recht langen Oberkörper und die einteiligen Anzüge wollen da einfach nicht passen. Sobald ich auf der Maschine sitze spannt sich der Rücken und zieht den Kragen nach unten, was wiederum dazu führt das es sehr unangenehm zieht. Das wäre im Sommer vielleicht noch vertretbar, aber gerade im Winter ist das völlig inakzeptabel!

Deswegen kann ich hier nur sagen worauf man unbedingt achten sollte. Genau diese Kleinigkeiten wie die Länge der Hosenbeine und Ärmel, oder eben auch der Kragenabschluß werden bei Kälte extrem wichtig! Gerade hier liegt die Gefahr, denn grobes verschätzen wie ein vergessener Pullover oder eine zu dünne Unterhose wird man alsbald durch frieren merken und kann dann nachbessern. So etwas schadet unserer Gesundheit nicht, hilft aber beim nächsten Mal der besseren Einschätzung.

Sollte sich jedoch irgendwo Zugluft bilden, kann das schlimme Folgen haben, denn solche Zugluftnester werden oft erst zu spät bemerkt! Man fängt ja nicht sofort an zu frieren wenn eiskalter Wind auf einen kleinen Punkt bläst. Wer hier nun aber denkt `ach, das ist ja nicht so schlimm´ und einfach weiterfährt, der kann sich eine böse Erfrierung einhandeln. Das Ganze ist dann kein Spaß und muss in jedem Fall von einem Arzt behandelt werden! Also kann ich nur dazu raten sich viel Zeit zu nehmen und ganz in Ruhe alle Kleidungsstücke, ohne Vorbehalte, zu probieren. Es ist nicht immer das teuerste oder am meisten beworbene Teil das Beste. Und es gibt oft auch Alternativen. Natürlich kann man sich Winterstiefel von der Firma Kamik kaufen, diese Firma stellt Ausrüstung für Snowmobilfahrer her und damit wohl das Beste was man für unsere Zwecke überhaupt kaufen kann. Der Preis für so ein Paar Stiefel liegt dann aber schnell bei 300 € und mehr! Ich selbst fahre hingegen auch bei 15 Grad Minus mit meinen großen Gummistiefeln einen ganzen Tag lang. Dazu gehören natürlich zwei Paar dicke Wollsocken und eine Thermosohle. Der Preis liegt dann bei ca. 80€. Klar, das Ganze sieht vielleicht nicht so schön aus, doch darauf kommt es mir nicht an. Außerdem wird es bei uns nur sehr selten wirklich so kalt! Viel wichtiger ist es in unseren Breiten das man am gesamten Körper trocken bleibt, (deshalb auch die Gummistiefel!) denn wird man erst mal irgendwo nass ist es aus mit der Isolierung! Die nasse Stelle braucht dafür nicht einmal groß zu sein. Also Wind und Wasserdicht verpacken müssen wir uns, das ist das Wichtigste überhaupt! Die Anzahl und Ausführung der einzelnen Kleidungsstücke hingegen, bleibt natürlich jedem selbst überlassen! Und nun noch ein Wort zu den technischen Voraussetzungen.

Ein Motorrad werden ja nun alle haben, die auf so eine verrückte Idee kommen und mitten im tiefsten Winter damit fahren wollen. Damit also zu den Feinheiten auf die man achten sollte. Wäre zunächst einmal die Frage welches Motorrad eignet sich am besten? Leider gibt es auch hier keine eindeutige Antwort! Natürlich ist eine leichte Maschine jedem schweren Brocken vor zu ziehen und nervöse Sprinter kann man auch nicht brauchen, doch was heißt das schon. Wer zum Beispiel 600 Km über die Autobahn muss um im bayrischen Wald zum Elefantentreffen zu kommen, tut sich mit einer kleinen 125er Enduro keinen Gefallen. Auch wenn es am Ort selber sicher viel Spaß damit macht! Wer aber nur mal vor der heimischen Haustür in Wald und Flur den Winter genießen will, der wäre schon mit einem 15 PS Maschinchen gut bedient. Es gibt aber einige Vorbereitungen die, wie das Wort schon sagt, vorher erledigt werden sollten. Das ist eben der Unterschied zwischen einer Sommertour und einer Ausfahrt im Winter. Wer will schon bei Eiseskälte irgendwo mit einer Panne liegenbleiben! Wir müssen also dafür sorgen das technische Pannen auf Grund des Wetters nach Möglichkeit ausgeschlossen sind. Natürlich gibt es auch hier keine absolute Sicherheit, doch man kann da schon so einiges machen. Da wäre zunächst die Elektrik, die es vor Salz und Wasser zu schützen gilt. Dafür gibt es recht gute Kontaktsprays und nach dem säubern der Steckkontakte lohnt eine Konservierung der Selben mit Haarspray oder Wachs.

Das ist meine aktuelle Wintermaschine, eine Ural 750 Sportsman mit zuschaltbarem Seitenwagenantrieb und Rückwärtsgang. Ein tolles Gerät mit optimalen Fahreigenschaften im Schnee, bedarf aber ständiger Pflege und Reparaturen. Eine kleine Enduro bedeutet da wesentlich weniger Aufwand!

Bei dieser Gelegenheit sollten natürlich auch an geschimmelte Kabel oder Stecker ausgetauscht werden. Überhaupt sollten wir alles was nicht mehr ganz Einwandfrei ist austauschen oder erneuern. Kabelschuhe, Steckverbinder, Sicherungen und an gescheuerte Kabel haben die dumme Angewohnheit ausgerechnet im Dunkeln und bei Schneeregen zu versagen und allein der Gedanke daran lässt mich frösteln! Das gleiche gilt natürlich auch für alle Bowdenzüge! Auch hier sollten wir nicht am falschen Ende sparen und ein paar Neue montieren, wenn auch nur der kleinste Verdacht besteht. Ja ich höre schon die Frage von dem ein oder andern: warum soll ich denn einen Zug austauschen wenn der noch gar nicht kaputt ist? Tja, das ist ganz einfach! In den meisten Fällen fahren wir ja nicht mit nagelneuen Maschinen durch den Winter, also sind oft die Züge schon ein wenig verschlissen. Wenn nun aber noch Wasser und Salz ihr Werk tun ist die Wahrscheinlichkeit hoch das gerade wenn man es gar nicht gebrauchen kann so ein Ding reißt. Und wenn ihr mich fragt tausche ich lieber zu Hause in der trockenen Garage so einen Zug und nicht irgendwo unterwegs bei Regen, Kälte und vielleicht noch im Dunkeln!

Und nun noch zu den Reifen. Hier sind wir Motorradfahrer leider immer noch benachteiligt. Für Autos gibt es heute sehr gute Winterreifen, doch für Motorräder bisher nicht so richtig. Offenbar lohnt sich die Entwicklung und Herstellung für die Industrie nicht. Zwar gibt es in einigen wenigen Größen Reifen die durch eine andere Gummimischung für Winterbetrieb geeignet sind, doch von richtigen Winterreifen kann man hier wohl nicht sprechen. Wir können aber auch hier ein wenig tun. Zum einen lohnt es sich in der passenden Größe Enduroreifen zu besorgen, beim fahren im Schnee kommt damit richtig Freude auf!

Sollte es aber nichts passendes geben, haben wir noch eine andere Möglichkeit. Meine normalen Straßenreifen habe ich mit einem unscheinbaren kleinen Gerät behandelt. Das Ding nennt sich Gilsterhobel und besteht in der Hauptsache aus einigen Rasierklingen und Blechstücken. Eigentlich ein Überbleibsel aus den 50ger Jahren als die Reifen noch nicht so gut waren. Man schneidet damit ca 3mm tiefe Längsrillen in die Lauffläche des Reifens und entspannt dadurch die Oberfläche. Am besten setzt man sich dabei auf einen Hocker und klemmt sich das Rad zwischen die Knie. Und nun zieht man den Hobel mit Kraft und Druck über die Lauffläche. Das Ganze ist zwar recht anstrengend, doch es ist Unglaublich wie viel Unterschied diese kleine Veränderung bringt. Durch diese feinen Schnitte greifen die Reifen auch noch bei kaltem und nassen Asphalt! Natürlich bitte nur bei neuen, oder fast neuen Reifen probieren!

So nun habt ihr euer Motorrad versorgt und euch selbst natürlich auch. Ja, der Aufwand ist schon ziemlich groß. Es ist halt nicht so wie im Sommer, dass man mal eben hier oder dorthin fährt. Man muss sich wirklich Zeit dafür nehmen! Damit wären wir auch schon bei der inneren Einstellung. Im Winter wird nämlich etwas anders gefahren, da geht es nicht darum möglichst schnell zu sein! Auch muss der Fahrstil nicht besonders sportlich sein. Mit den dicken Wintersachen wäre das auch gar nicht so einfach. Es geht in erster Linie um das heile Ankommen und um den Genuss! Wie herrlich kann es sein an einem super klaren Frosttag einige Stunden auf der Maschine zu verbringen oder mit einer Enduro durch den Neuschnee zu toben! Dafür lohnen sich auch die ganzen Vorbereitungen. Also dann wünsche ich euch viel Spaß und macht euch warme Gedanken!

Vierzig Jahre!

Ja, tatsächlich! Das ist wirklich schon eine lange Zeit. Angefangen mit einem sehr einfachen Mofa, über Moped, Mokick und weiter mit Motorrädern von 150 bis 1100ccm. Dabei waren sportliche Maschinen, Tourer, Chopper und Enduros, sogar einige Gespanne, alle hatten etwas Besonderes. Doch interessant wird die Sache vor allem rückblickend. Hier kann ich nun vergleichen und auch den vielgerühmten Fortschritt betrachten. Um es gleich vorweg zu sagen, ja der Fortschritt ist zu spüren. Aber! Und nun kommt auch gleich eine Einschränkung, denn die heutigen technischen Möglichkeiten würden sicher noch viel mehr hergeben!
Wo bleiben denn mal die richtig niedrigen Verbrauchswerte?
Wo sind die interessanten und gleichzeitig günstigen Maschinen? Auch Dieselmotoren oder ganz andere Antriebe wie die Brennstoffzelle wären interessant. Bisher gibt es auch nur wenige interessante Elektro Motorräder und dabei zu Preisen die weit über Verbrennern liegen und damit für viele wieder ausscheiden.
Doch die Entwicklung und die ganze Schaffenskraft der Ingenieure geht immer nur in die Richtung Höher, Schneller, Weiter! Dabei sollte doch jeder wissen, dass Bäume nicht in den Himmel wachsen. Was nutzt einem eine Supermaschine mit 200 Ps und passendem Fahrwerk? Auf unseren Straßen gibt es nie die Gelegenheit legal so viel Leistung aus zu nutzen. Auch eine Reiseenduro mit 120 Ps und bis zu 300 Kg schwer, verfehlt doch irgendwie ihren Sinn. Spielereien wie elektronisches Fahrwerksmapping, Antischlupfregelung und noch eine Menge Unsinn mehr ja das hat man entwickelt. Sinnvolle Dinge sind leider teilweise verloren gegangen. Zum Beispiel gab es einmal sehr gute Kettenkästen in denen Antriebsketten durchaus 60 oder 80 tausend Kilometer halten konnten.
Die vier Jahrzehnte werden aber auch interessant durch die Beobachtung des Motorradmarktes. Anfang der 80er Jahre kamen wir, soll heißen die geburtenstarken Jahrgänge ins Geschehen und

damit eben sehr viele junge Leute. Die japanische Industrie stellte sich rechtzeitig darauf ein und brachte eine große Auswahl an preisgünstigen, aber auch sehr interessanten Maschinen auf den Markt. Auch hatten sie im vorherigen Jahrzehnt das Werkstattnetz in ganz Europa und vor allem hier in Deutschland gut ausgebaut so das wir die vier japanischen Marken als völlig selbstverständlich hinnahmen. Nur für die Älteren waren es immer noch Exoten, die hier eigentlich nicht hin gehörten. Natürlich, die Maschinen kamen vom anderen Ende der Welt, doch was kümmerte uns das? Wir freuten uns über jede Neuentwicklung und vor allem über die günstigen Preise! Niemand, aber auch wirklich Niemand machte sich über irgendwelche Traditionen oder über eventuelle Wirtschaftliche Folgen Gedanken. Wir waren jung und genossen unsere Freiheit auf zwei Rädern! Das hört sich sicher sehr egoistisch an, doch die 80er waren so! Rundherum war eben noch der Muff der Nachkriegsjahre zu spüren und die Generation unserer Eltern hatte noch die Lebensweise der Adenauer und Erhard-Zeiten im Blut. Die 68er Studentenaufstände waren nicht bis in die Provinz vorgedrungen. Doch wir jungen Leute wollten nun alles besser machen! Es entstanden ganz neue Gruppierungen wie Popper, Punker, Rocker und alle wollten irgendwie anders sein, bloß nicht wie die Eltern! Die Motorradfahrer hatten natürlich das selbe Bedürfnis und da kamen uns die frischen und flotten Maschinen aus Japan gerade recht. Die oftmals sehr biederen Moped's der 60er Jahre wollte keiner mehr haben und viele Motorräder aus europäischer Produktion hatten immer noch dieses Aussehen. Eine große Ausnahme bildeten da die Italiener, die hatten schon immer sehr sportliche Maschinen im Programm. Leider waren aber diese hübschen, sportlichen Geräte hier nicht überall verfügbar und auch die Qualität war oft zweifelhaft. Somit blieben diese Maschinen für uns echte Exoten! So gingen die 80er dahin und wir hatten eine spannende Zeit.

Dann kamen die 90er und zunächst blieb erst mal alles beim Alten, nur an den langsam aber sicher sinkenden Verkaufszahlen konnte man schon erkennen das sich etwas ändert. Ja, aus Kindern werden Leute, wie man so sagt, denn der überwiegende Teil der jungen Menschen aus den 80ern bekam nun andere Prioritäten. Es wurden Familien gegründet, der Beruf forciert und (wenn möglich!) ein Haus gebaut. Damit war natürlich erst mal Schluss mit der großen Freiheit auf zwei Rädern! Die Maschinen wurden verkauft oder einfach in eine Ecke gestellt. Zu dieser Entwicklung kam noch der so genannte `Pillenknick´ der sich nun bemerkbar machte. Ab Mitte der 60er Jahre waren die Geburtenzahlen sehr zurück gegangen. Das zeigte sich nun einfach durch viel weniger junge Leute die zum Motorradfahren drängten. Plötzlich hatten die Japaner bei uns einen schweren Stand, mal lief es gut und dann mal wieder schlechter, aber die Zeiten wo es nur steil bergauf ging mit dem Umsatz, waren vorbei.

Dagegen ging es bei BMW langsam wieder besser. Jahrelang konnten die Bayern in der Motorradsparte kaum Gewinne einfahren und mehr als einmal wollten sie dort die Segel streichen. Doch zuerst mit den neuen K-Modellen und später mit den ganz neu entwickelten Boxern ging es wieder aufwärts. Die GS-Modelle verkauften sich vom Start an sehr gut. Auch ein ganz neues Einzylinder Motorrad, die F650, wurde erfolgreich vermarktet. Die 90er waren dann auch für mehrere europäische Marken recht erfolgreich. Ducati brachte einige neue Modelle, ebenso Moto Guzzi. Beide Marken setzten auf bewährte Antriebe und blieben damit auf der sicheren Seite. Ganz anders machten es die Engländer mit Triumph. Da blieb von der alten, traditionsreichen Marke nur noch das Logo übrig. Mit einer völlig neuen Firma und absolut zeitgemäßen Modellen eroberte man den Markt. Und auch in Deutschland geschah etwas Neues. Die Marke MZ feierte ein Comeback. Die alten Zweitakter warf man nach der Wende aus dem Programm und mit eigenen 125ern und 600er Einzylindern von Yamaha versuchte man den Einstieg. Leider etwas zu spät kam dann noch eine 1000er Zweizylinder aus eigener Entwicklung hinzu. Das Ganze hatte sich aber zu lange hin gezogen und war von einigen Rückschlägen begleitet. Zu allem Überfluss waren ständig finanzielle Probleme zu lösen so das die Firma an einen koreanischen Konzern verkauft wurde.

Tja, mit dieser interessanten Entwicklung ging es in die 2000er Jahre. Und hier ging es gleich weiter mit MZ, oder besser gesagt Hong Leong, denn die Koreaner bestimmten nun völlig frei von irgendwelchen traditionellen Vorstellungen das wohl und wehe der Zschopauer Firma. Hunderte Mitarbeiter wurden entlassen, aber man baute weiterhin Motorräder. Bei BMW hingegen ging es steil bergauf und die Bayern entwickelten sich tatsächlich zum Marktführer! Die Boxermodelle verkauften sich wie geschnitten Brot und man entwickelte ständig weiter daran. Auch die 650er Einzylinder aus den 90ern ließ die Verkaufszahlen steigen. Und was machten die Japaner?

Nun ich will nicht sagen sie fügten sich in ihr Schicksal, das wäre zu theatralisch, doch irgendwie gewann man fast diesen Eindruck. Sie hatten weiterhin mit sinkenden Verkaufszahlen zu kämpfen und wirkten irgendwie kraftlos. Nur Enduros und die Vierzylinder-Superrenner waren weiterhin die Domäne der Japanischen Marken. Dafür kamen jetzt ganz neue Anbieter auf den deutschen Markt. Koreanische und chinesische Konzerne streckten ihre Fühler aus. Zunächst einmal mit 50ccm Rollern, bald aber auch mit 125ern. Gerade bei den 125ern ging es sehr schnell, denn die boten einen Ausnahme-Markt. Dadurch das hierzu Lande eine Sonderregelung bei den Führerscheinen besteht und die 125er auch schon mit 16 Jahren gefahren werden dürfen. Auch ältere Leute lockte man mit einer neuen Regelung, denn wer vor 1989 seinen Autoführerschein gemacht hatte durfte plötzlich auch solche 125ccm Maschinchen fahren. Doch das betraf kaum die `klassischen´ Motorradfahrer.

So lief das erste Jahrzehnt im neuen Jahrtausend. Der gesamte Markt hatte sich wieder umgestaltet, BMW baute seine Marktführerschaft aus und entwickelte einige neue Modelle, vor allem einen ganz neuen Vierzylinder-Superrenner. Außerdem einen Zweizylinder als Mittelklasse-Modell. Unangefochten an der Spitze der Verkäufe lagen aber weiterhin die großen GS-Modelle. Ducati hatte seit Anfang des Jahrtausends einige sehr erfolgreiche Maschinen auf die Straßen gebracht. Durch die vielen Erfolge im Renngeschehen, vermarkteten sich die Supersportmodelle sehr gut, aber auch die `Monster´ spülte ordentlich Gewinne ein. Überhaupt war bei den Europäischen Herstellern eine Festigung zu spüren. Marken wie KTM kamen mit erfolgreichen Geländemaschinen und großen Reiseenduros, Aprilia und Moto Guzzi ebenfalls. Auch Triumph in England konnte gute Absatzzahlen verbuchen.natürlich gab es auch noch die vier großen japanischen Marken doch nun hatten sie wieder ebenbürtige Konkurrenten erhalten. Und was hat sich nun so alles an den Maschinen verändert?

Wenn ich da so an das Jahr 1984 denke fällt mir meine damalige Maschine wieder ein, eine Yamaha TR 1. Sie war schon typisch für ihre Zeit. Der Motor war eine Neuentwicklung, hatte 980ccm und eine Leistung von 71 Ps. Es war ein 90 Grad Zweizylinder V-Motor. Nun war das kein Hochleistungstriebwerk, doch er lief wunderbar elastisch und zwar bei einem Verbrauch von 6 bis 8 Litern. Leider war das Fahrwerk der Motorleistung nicht gewachsen. Weder die Federung, noch die Bremsleistung waren wirklich ausreichend. Genau das war leider typisch für diese Zeit. Anscheinend mussten die Japaner, um das Preisgefüge halten zu können, auf sehr günstige Bauteile zurück greifen. Fast Alle hatten wir damit zu kämpfen und schraubten andere Dämpfer an die Maschinen, bauten Gabelstabilisatoren ein und noch so einiges mehr. Irgendwann waren die Motorräder dann auch fahr- und vor allem beherrschbar! Die Motoren selbst waren mechanisch schon recht gut, aber bestimmt nicht problemlos! Es gab da ein paar Ausnahmen wie die großen Vierzylinder von Honda und Yamaha, aber bei den kleinen Maschinen mit ihren meist sehr hohen Leistungen war oft schon nach 40 oder 50 tausend Kilometern Schluss! Das wird heute schnell vergessen wenn von den tollen Maschinen aus den 80er Jahren die Rede ist. Das es auch anders ging bewiesen uns die BMW Leute und auch bei Moto Guzzi und

Laverda konnte man sehr gute Fahrwerke bauen und auch die Motoren waren langlebiger.

Erst ab Mitte der 90er Jahre wurden die japanischen Maschinen endgültig besser, allerdings auch etwas teurer. Da fällt mir die Yamaha FJ 1200 von meinem Kumpel wieder ein, auch so eine typische Vertreterin ihrer Zeit. Ein Vierzylinder Reihenmotor mit gedrosselten 100 Ps und reichlich Drehmoment sorgte für den Antrieb. Das Fahrwerk aus Vierkantrohr und Formgussteilen war sehr stabil und verkraftete die Leistung sehr gut. Durch die zweiteilige und schnittige Verkleidung war es sogar möglich die machbaren Geschwindigkeiten längere Zeit durch zu halten. Auf der Autobahn waren immer 230 bis 240 Kmh möglich. Doch das Ganze hatte auch Schattenseiten, zum einen war da der hohe Spritverbrauch bei solchen Geschwindigkeitsorgien und zum anderen das hohe Gewicht der Maschine. Ja, die knapp 300 Kg ließ die FJ einen spüren, vor allem in der Stadt und auf ganz kleinen Straßen. Der Benzinverbrauch lag zwischen 8 und 12 Litern und so ein Hinterradreifen hielt oft nur 4 oder 5 tausend Kilometer! So ungefähr ab dem Jahr 2000 gab es dann einen richtigen Sprung nach vorn. Nach und nach boten die Japaner immer perfektere Maschinen an. Es gab Fahrwerke vom Feinsten und Motoren mit absoluter Zuverlässigkeit, selbst die Federelemente ließen kaum Wünsche offen. Natürlich war das mit etwas höheren Preisen verbunden, doch das schien absolut gerechtfertigt. Auch die Konkurrenz aus Europa brachte immer feinere Motorräder auf den Markt, vor allem in den großen Hubraumklassen. Ja die Hubräume unter 500ccm verschwanden ganz und plötzlich galt eine 50 oder 60 Ps Maschine als Anfängerbike. Die Hubräume und Leistungen waren und sind zum Teil gigantisch. Es gibt da die Triumph mit 2,3 Litern Hubraum oder die Kawasaki mit über 200 Ps und auch alle anderen Marken schwelgen in dieser Gigantomanie!

Doch einmal abgesehen von diesen Auswüchsen werden auch viele Dinge verbessert. Zum Beispiel setzt sich überall die Einspritzung durch und löst damit die Vergasertechnik ab, auch hat heute fast jedes Bike ein Anti-Blockier-System. Vor allem aber passen die heutigen Fahrwerke zu den Motorleistungen und machen damit das Fahren auch in Grenzbereichen sehr sicher. Ja, das ist meiner Meinung nach die wichtigste Entwicklung der letzten Jahre. Vom Reifen über die Federung und Dämpfung, bis hin zur Stabilität der Rahmen und Lagerungen, all das ist heute bei vielen Maschinen sehr gut aufeinander abgestimmt und wird immer mehr perfektioniert. Oft wird darüber diskutiert wer denn das alles braucht?

Nun ich glaube das bei der heutigen Verkehrsdichte auf öffentlichen Straßen, niemand in der Lage ist die technischen Möglichkeiten aktueller Motorräder voll aus zu schöpfen, es sei denn er riskiert sein und anderer Leute Leben. Doch darum geht es gar nicht. Es geht viel mehr darum das gerade der `normale´ Fahrer durch die Perfektionierung der Technik mehr Sicherheit erlangt, denn ihm fehlt fast immer die Übung. Dadurch ist er in Notsituationen schnell überfordert, wenn ihm aber dann die Technik hilft mit guten Bremsen, perfekt haftenden Reifen und einem stabilen Fahrwerk kann er die Situation vielleicht noch retten. Nur deshalb sind diese Entwicklungen so wichtig, nicht um sie ständig zu nutzen.

Leider gibt es aber auch so genannte Weiterentwicklungen die sehr fragwürdig sind, dazu zähle ich zum Beispiel elektronische Leistungsbegrenzer um sehr potente Motorräder, durch Drosselung, für den Normalverbraucher wieder fahrbar zu machen, das grenzt für mich schon ans Absurde! Und andere Beispiele gibt es da noch genug, da wäre zum einen das ganze Elektronik Gesummse im Cockpit mit Digitalanzeigen, Lämpchen und Lcd-Bildschirmen. So etwas braucht zum fahren niemand! Zum anderen die vielen mehr oder weniger schönen Plastik-Verkleidungen, die dafür sorgen das man nur unter erschwerten Bedingungen mal eine Zündkerze oder Scheinwerferbirne wechseln kann!

Mein Fazit an dieser Stelle: Es gäbe noch viel zu schimpfen und auch zu verbessern. Doch muss man auch ein Lob aussprechen denn die Maschinen sind heute um einiges haltbarer, schneller und trotzdem sicherer als vor vierzig Jahren. Ach, ja und natürlich darf ein Motorrad nicht zu perfekt werden, dann würde es doch wohl zu langweilig!

Zum guten Schluss!

Ja zum Schluss bleibt mir nur noch mich an dieser Stelle ganz herzlich zu bedanken! Und zwar bei euch allen, mit euch durfte ich diese oder jene Geschichte selbst erleben. Vielen Dank für die Hilfe beim Korrekturlesen, für die moralische Unterstützung und die vielen Geschichten die ihr mir erzählt habt. Dann muss ich an erster Stelle meiner Frau danken für die Geduld mit mir. Gleich hinterher kommt mein guter Freund Markus der mir in mühevoller Kleinarbeit nicht nur bei der Rechtschreibung geholfen hat!
Aber auch einigen Anderen möchte ich danken die am gelingen dieses Buches beteiligt waren. Jeder der schon einmal versucht hat etwas Erlebtes aufzuschreiben und anderen nahe zu bringen, wird sich vorstellen können wie viel Arbeit das am Ende ist. Ach ja, und natürlich waren das noch nicht alle Storys. Doch nun möchte ich selber noch eine Runde drehen und noch viel mehr Geschichten erleben!
Also bis dann und allzeit gute Fahrt!
euer

Markus Höner